Moderne Heks
Rode Grimoire
Liefdesspreuken

Rode en Witte Magische Rituelen. Filters en Natuurlijke Drankjes voor Zaken van Het Hart en Verleiding

Amelia Teije

Amelia Teije

Eerste editie: juni 2022

Copyright © 2022 Amelia Teije

Alle rechten voorbehouden. Behalve de uitzondering voorzien door de wet, is de gehele of gedeeltelijke reproductie van dit werk, noch de opname ervan in een computersysteem, noch de verzending ervan in enige vorm of op enige wijze (elektronisch, mechanisch, fotokopie, opname of anderszins) zonder toestemming vooraf en schriftelijk toegestaan door de auteursrechthebbenden. Schending van deze rechten brengt juridische sancties met zich mee en kan een intellectueel eigendomsmisdrijf vormen.

Beperkte aansprakelijkheid - Disclaimer

Houd er rekening mee dat de inhoud van dit boek is gebaseerd op persoonlijke ervaring en verschillende informatiebronnen en alleen voor persoonlijk gebruik is.

Houd er rekening mee dat de informatie in dit document alleen voor educatieve en amusementsdoeleinden is en dat er geen enkele garantie wordt gegeven of geïmpliceerd.

Lezers erkennen dat de auteur zich niet bezighoudt met het verstrekken van medisch, professioneel of ander soort advies.

Niets in dit boek is bedoeld ter vervanging van gezond verstand, medisch advies of professioneel advies en is alleen bedoeld om te informeren.

Uw specifieke omstandigheden komen mogelijk niet overeen met het voorbeeld dat in dit boek wordt geïllustreerd; in feite zullen ze dat waarschijnlijk niet doen.

U dient de informatie in dit boek op eigen risico te gebruiken. De lezer is verantwoordelijk voor zijn eigen daden.

De informatie in dit boek wordt als waarheidsgetrouw en consistent verklaard in die zin dat enige aansprakelijkheid, in termen van onzorgvuldigheid of anderszins. Elk gebruik of misbruik van het beleid, de processen of instructies die daarin zijn opgenomen, is de enige en absolute verantwoordelijkheid van de ontvanger/lezer.

Door dit boek te lezen, aanvaardt de lezer dat de auteur in geen geval verantwoordelijk is voor enig verlies, direct of indirect, geleden als gevolg van het gebruik van de informatie in dit document, met inbegrip van, maar niet beperkt tot, fouten, weglatingen of onnauwkeurigheden.

Inhoudsopgave
Invoering.
Verleiding.
   De visualisatie.
   Mentaal ritueel van verleiding.
   Dacht aan liefde.
   Vel papier ritueel.
   Drankjes voor verleiding
   Magische filter van verleiding
   Geur van erotische aantrekkingskracht.
   Liefdesspreuk om te verleiden
   Ritueel om de liefde gunstig te stemmen.
ligament.
   Ligament van Pomba Gira
   Jasmijn ritueel
   Aanroeping tot de heilige Sara Kali
   Koppeling met linten
   Oshun's ligament
   Ligament met de dagida.
Zaken van koppels.
   Negen kaars ritueel.
   Witte kaars ritueel.
   Kruidenthee van liefde
   Bedwelmende likeur.
   Badkamer voor een perfecte avond
   De roos van Aphrodite.
   Het afrodisiacum van Circe.
   Betovering tegen verraad.

Spell voor paareenheid.
Intrigerende middag
Harmonisatie van energieën.
De magische rune.
De obstakels.
Ritueel van loslaten
Twee eenvoudige riten.
HotFoot
Ritueel om de minnaar te verwijderen.
Bericht aan verre liefde.
In de keuken.
Mede (Keltisch Brood)
Molsla
Radicchio broodjes
Pittige Tortiglioni
Risotto van geliefden.
Provola schnitzels gepaneerd met kruiden.
Kalkoen ham cannoli
Gekonfijte viooltjes
Aardbeienkoekjes
Cremolata met meloen
Conclusies.

Invoering

Dit boek is een ietwat eigenaardige grimoire (dwz een boek met esoterische magie).

De kunst en kracht van magie is om natuurlijke energieën te 'vangen', te transformeren en te kanaliseren, zodat ze ons kunnen helpen in onze persoonlijke zaken of om de mensen om ons heen te helpen.

Ik zal proberen je te leren hoe de kunst van esoterische magie veel kan helpen in relatiekwesties, zowel in de normale dagelijkse relatie als in tijden van moeilijkheden en crisis.

Het hoofdthema van dit boek is tijd, de ware luxe van de moderne mens.

Ja, je leest het goed, de tijd.

Tijd voor jezelf, om na te denken over de persoon van wie je houdt, over je samenleven en relatieproblemen, wat je bereid bent van jezelf uit te geven aan de ander.

Een liefdesrelatie vereist de juiste hoeveelheid tijd, medeplichtigheid zoeken en prettig bij elkaar zijn.

Deze momenten waarop jullie je op je gemak bij elkaar voelen, zullen je ook helpen bij de onvermijdelijke relatieproblemen door je de 'zoete' herinneringen te geven die je zullen helpen de energieën te kanaliseren om ze op te lossen.

Als de juiste tijd niet wordt besteed aan liefdesdingen, kunnen ze niet goed gaan.

De kleine rituelen die ik in dit boek voorstel, dienen ook om de tijd te nemen om na te denken, te mediteren en strategieën te ontwikkelen, kortom om protagonisten te zijn van de gebeurtenissen in je leven als koppel.

Je zult veel persoonlijke riten van rode en witte magie verzameld en uitgelegd vinden die tot doel hebben problemen en liefdeskwesties op te lossen, maar ook enkele recepten om intrigerende diners (of lunches, als je dat liever hebt) te bereiden om intimiteit en medeplichtigheid van koppels te bevorderen. de traditie (een beetje herzien) van de Wicca-religie en van natuurlijke magie (gedefinieerd groen).

Het is duidelijk dat je de riten die ik je voorstel gemakkelijk opnieuw kunt bekijken, afhankelijk van je gevoeligheid en je intieme overtuigingen.

U vindt er interessante tips en ideeën om een romantische ontmoeting beter voor te bereiden, om de vruchtbaarheid te bevorderen of om gewoon gepassioneerde en intrigerende momenten door te brengen.

Dit is de tweede versie van dit werk. Naast de nodige correcties heb ik enkele recepten toegevoegd als ideeën voor uw lunches en diners strikt voor twee en een ritezegen als een zoete en goedwensgedachte voor uw partner.

Verleiding.

Verleiden betekent letterlijk 'naar jezelf toe brengen', uit het rechte pad leiden, een synoniem dat veel wordt gebruikt in magie is fascineren.

Verleiden is een kunst die kan worden verworven en die helemaal niet gekoppeld is aan het fysieke aspect (zelfs als een zekere aangenaamheid in de eerste aanraking met een persoon een faciliterend element is) en het is zelfs niet afhankelijk van geld of sociale positie.

De belangrijkste eigenschap om een uitstekende verleider te zijn, is om een sterk charisma te hebben.

De term charisma duidt in de psychologie op het vermogen om een sterke invloed op andere mensen uit te oefenen, maar het is in de Griekse wortel dat we de ware betekenis ervan vinden, namelijk 'geschenk'.

Het charisma is die 'mysterieuze' kracht die ons bezielt, dezelfde energie die onze 'gouden' produceert, de aura van energie die ons omringt en karakteriseert; het is het geschenk dat iemand ons (afhankelijk van onze gevoelens kunnen ouders, God of waar we ook in geloven) ons heeft gegeven toen we verwekt werden.

We zijn allemaal begiftigd met charisma en daarom stralen we allemaal energie en magnetisme uit en daarom kunnen we allemaal intrigeren, betoveren en fascineren voor de mensen om ons heen.

Esoterische magie kan ons helpen om ons charisma tot uitdrukking te brengen en de energie die we uitstralen te vergroten en daarmee ons vermogen om te fascineren.

Voordat ik verder ga met de technieken die door de esoterische praktijk worden gesuggereerd, staat u mij enkele uitweidingen van algemene aard toe.

Wanneer je iemand probeert te fascineren, moet je voorzichtig zijn om te begrijpen welke emoties ze nodig hebben om te leven op het moment dat ze bij je zijn en het is veel eenvoudiger dan je zou denken.

Ieder van ons is in staat om dit te doen met een wijs en sluw gebruik van woorden en communicatie, aangezien onze mens ons in staat stelt om elke gemoedstoestand waar te nemen en te begrijpen.

Train jezelf hierin en je zult zien dat je resultaten krijgt die je je niet eens kunt voorstellen.

De kunst van het verleiden zal je niet alleen dienen voor zaken van het hart, maar zal van pas komen op het werk, om carrière te maken en in veel situaties in het leven.

Dus leer met mensen praten, wees empathisch (maar nooit te betrokken) met degenen voor je, positief en gastvrij.

Wees niet verlegen en geef jezelf een zelfverzekerd beeld van karakter en standvastig in je waarden.

Om dit te bereiken is vastberadenheid en overtuiging met eigen middelen nodig.

Wanneer je je onzeker voelt, nergens goed voor bent of zelfs een mislukking voelt, moet je weten dat dit allemaal je mentale projectie is die je absoluut moet veranderen.

Met deze stemmingen zal het, ondanks de magie, moeilijk zijn om je doel van verovering echt te bereiken.

Wees er altijd van overtuigd dat er een prachtige kracht en energie in je is die alleen maar uitgedrukt hoeft te worden.

Een van de basistechnieken van esoterische magie is visualisatie en zal vaak in dit boek worden genoemd.

Deze techniek is om je verlangens vorm te geven door ze duidelijk te maken in je geest. Het stelt u in staat om met zekerheid te plannen wat zal moeten zijn en te genieten van wat zal zijn.

De visualisatie.

Het is het vermogen om je op een weloverwogen en bewuste manier voor te stellen en te bouwen met gedachten. Je voorstellen wat er zal worden gezegd voor een belangrijke vergadering is erg handig als je het op een gecontroleerde manier doet, dat wil zeggen, zonder tientallen keren obsessief dezelfde scènes te herhalen en vooral zonder in spanning en angst (negatieve emoties) te vervallen.

Het reconstrueren van de plaats van een ongeval of de draad van toespraken die bij een bepaalde gelegenheid zijn gehouden, is ook erg nuttig en is ook een goede oefening om de geest te trainen, maar zelfs hier is het essentieel om het niet te doen met het doel dezelfde lage emoties na te bootsen., wat deel zou uitmaken van de negatieve verbeelding.

Bovendien is visualisatie een belangrijk element van creativiteit: kunstenaars creëren de werelden die ze vervolgens in hun werken vertegenwoordigden door ze te verbeelden.

Creatieve visualisatie heeft bij verschillende gelegenheden bewezen een geweldige manier te zijn om doelen en verlangens te realiseren, nieuwe werkelijkheden te verkennen en je dromen en verlangens mogelijk te maken.

Het is een handig hulpmiddel om ongewenst gedrag, zoals emotionele verslavingen of gebrek aan zelfvertrouwen, te elimineren. Het is ook nuttig gebleken voor het aanbrengen van persoonlijke veranderingen in gedragingen, overtuigingen en erfenissen uit het verleden.

Het universum is een groot energieveld, waarin de werkelijkheid niets anders is dan de manifestatie van energieën die trillen met verschillende intensiteiten en frequenties; gedachte is "een vorm van snelle, lichte, mobiele energie" en daarom "manifesteert het zich onmiddellijk, in tegenstelling tot de dichtere vormen van energie zoals materie". In de mens is de oneindige kracht aangeboren om iets te scheppen en elk innerlijk beeld te manifesteren.

Dit kan het deel van de geest bevrijden dat vastzat in vroegere emotionele blokkades die resulteren in onbewuste zelfsaboterende houdingen of gedragingen.

In feite wordt ons gedrag vaak bepaald door emotionele reacties op verre traumatische gebeurtenissen, die in de "onbewuste herinnering" blijven en blijven "weerkaatsen".

Net zoals onbewuste mechanismen de sabotage van ons geluk genereren, kunnen andere delen van ons een diep gevoel van vervulling en welzijn genereren. We kunnen besluiten om deze laatste delen te verbeteren en het volgende pad te gebruiken om andere individuen te begeleiden om het te volgen.

Om de visualisatie maximaal tot uiting te laten komen, is het noodzakelijk om in een zo diep mogelijke meditatieve staat te zijn, daarbij geholpen door de adem.

Wanneer lichaam en geest diep ontspannen zijn, vertragen de elektrische golven die door de hersenen worden uitgezonden, waardoor het lichaam zich aanpast aan de nieuwe hersensituatie, diep ontspannend en ontvankelijk blijft voor informatie.

Verbeelding is effectiever dan wilskracht en werkt op diepere niveaus.

De geest maakt vaak geen onderscheid tussen een werkelijke gebeurtenis en een levendig ingebeelde gebeurtenis; het lichaam reageert op identieke manieren door middel van emotionele toestanden, waardoor de gerelateerde neurale verbindingen worden gecreëerd.

In een staat van ontspanning bereikt bijv. met meditatie produceert de geest "alfagolven", waardoor we kunnen communiceren met ons onbewuste, het diepste deel van ons, het mysterieuze deel, waar alle herinneringen aan ons bestaan zijn vervat, degene die veel van ons gedrag genereert.

In deze diepe maar alerte staat van ontspanning kunnen we bewust met onszelf communiceren om negatieve gewoonten te veranderen en om te zetten in positieve.

Dit is waar we de energieën transformeren met de activiteit van visualisatie.

Visualisatie maakt gebruik van visuele creativiteit.

Tijdens de creatieve visualisatie gebruiken we al onze zintuigen: zien (verbeelding) met levendige kleuren en driedimensionale beelden, geur (geuren, geuren en parfums), aanraking (sensaties en waarnemingen en ook warm of koud), smaak (smaken) en horen (geluiden, stemmen, geluiden) en via de verbeelding creëren we de situaties waar we het meest naar verlangen.

Wanneer we het beeld dat we visualiseren associëren met emoties, laten we onze ziel trillen.

Op deze manier handelen we niet alleen op het fysieke vlak met mentaal denken, maar ook op de subtiele niveaus in elke dimensie.

Mentaal ritueel van verleiding.

Dit ritueel maakt gebruik van wat in esoterisch jargon 'mind influence' wordt genoemd.

Mind influence is een telepathische manier van communiceren.

Het kan gericht zijn op een bepaalde persoon of worden uitgezonden als een 'radio- of televisiesignaal'.

Geestinvloed kan worden gebruikt om een nieuwe geliefde aan te trekken, met bepaalde kwaliteiten die je wenst, of om een bepaalde persoon aan te trekken.

Het gebruiken van mentale invloed om een nieuwe partner aan te trekken is een eenvoudig proces, je hoeft het niet te geloven, doe het gewoon.

1) Begin door je je ideale geliefde voor te stellen, of de persoon die je probeert aan te trekken. Sluit je ogen en stel je het lichaam van je geliefde voor in drie dimensies. Neem de tijd om deze stap te zetten. Hoe levendiger het mentale beeld, des te effectiever uw invloed van de geest zal zijn.

2) Stel je voor dat je de liefde met je geliefde bedreigt, alleen met nadenken, maar op de meest realistische manier die mogelijk is, waarbij alle zintuigen worden betrokken. Je moet het gevoel hebben dat je lichaam wordt aangeraakt.

3) Terwijl je met je partner alleen met de verbeelding vrijt, denk dan toch aan zijn kwaliteiten. Je zegt: 'Ik hou van de kleur van je haar, die van je ogen, de geur van je huid, enz. doorgaan met dit soort dialoog tijdens de

seksuele daad. Stel je de kwaliteiten van je geliefde voor als een damp in je lichaam.

4) Wanneer je je klaar voelt, breng de energie dan door middel van gedachten over naar je geliefde.

5) U kunt stap 3 en 4 zo vaak herhalen als u wilt, het duurt 15 - 30 minuten voor de sessie die de geest beïnvloedt. Als je klaar bent, denk dan goed na over je doel, je denken moet altijd voor je openstaan. Je moet je denken vrijmaken om het doel te bereiken.

6) Herhaal stap 1 tot 5 totdat u de gewenste resultaten krijgt, dit kan een uur tot een paar weken duren. Als u binnen een maand geen resultaten krijgt, kunnen er drie problemen zijn:

1) Je verbeeldingskracht is niet levendig genoeg om een zichtbare gedachte te creëren.

2) Je bent geobsedeerd door je doel en laat je denken daardoor niet vorm krijgen, 3) je weet niet zeker of je je nieuwe geliefde kunt ontmoeten.

Durf je paranormale krachten te gebruiken, we bezitten ze allemaal anders.

Dacht aan liefde.

Dit is een eenvoudig ritueel van witte magie dat gebruik maakt van de techniek van visualisatie. Het dient om een persoon van wie we echt houden (niet een bevlieging van bezit of een puur seksuele aantrekkingskracht) verliefd op ons te maken.

Dit eenvoudige ritueel kan wonderbaarlijke effecten hebben als:

1 - er is een initiële aanleg, zij het op een onbewust niveau, van de kant van de ander

2 - Het gewenste resultaat druist niet in tegen de universele wil

3 - als je echt toegewijd bent om je te concentreren, te geloven en het ritueel te

herhalen totdat het resultaat is verkregen.

Je kunt het ritueel op elke avond doen van 10.30 uur tot 01.00 uur (of middernacht zonnetijd), behalve op zaterdag en dinsdag.

De maan moet vol zijn of wassen.

Het ritueel mag niet worden gedaan als de maan afneemt.

Het kan worden gedaan als een enkele rite (te herhalen), of als een 7-daagse rite, waarin het vervolgens op hetzelfde moment wordt herhaald met dezelfde kaars (die van voldoende grootte moet zijn) gedurende 7 opeenvolgende nachten, idealiter van vrijdag tot vrijdag.

Verzamel het volgende materiaal:

- Roze kaars (helemaal roze, niet alleen de buitenkant).
- Rozenessence-olie (of lavendel, kaneel, vanille), je kunt ook extra vierge olijfolie gebruiken.
- Roos, vanille, lavendel of kaneelwierook.
- Een kleine witte kaars.

Nu moet je een positieve energie in jezelf creëren, misschien een beetje rennen of springen of dansen (zelfs luisteren naar wat muziek die je leuk vindt), zoals je wilt, een paar minuten totdat je je prachtig opgeladen en euforisch voelt.

Ga dan op een rustige ongestoorde plek zitten, eventueel buiten.

Als je binnen bent, laat dan de ramen open.

Steek de witte kaars en wierook aan.

Geef de brandende wierook om je heen met de klok mee, maak een cirkel van rook, drie keer en zeg:

"Dit gebied binnen de cirkel is beschermd tegen licht, goede en universele liefde."

Zet de wierook op een veilige plaats, dichtbij de plek waar je de kaars gaat laten branden.

Graveer op de roze kaars de woorden van je intentie (bijvoorbeeld Love).

Als u wilt, kunt u uw initialen graveren.

Smeer de roze kaars van boven naar beneden (de onderkant moet naar jou of naar de vloer 'wijzen') in met de gekozen olie.

Terwijl je het smeert (meerdere keren, met een kleine hoeveelheid olie) concentreer je je op de persoon van wie je houdt.

Denk aan de persoon van wie je houdt, voel ze dicht bij je, voel de geur van hun huid alsof ze dicht bij je zijn, en stel je voor dat ze je omhelzen, glimlachen, van je houden, en vooral hoe je je zult voelen als je dit hebt persoon die door en door van je houdt, met al het geluk dat het je brengt en het gevoel bemind te worden / of helemaal op een goede en positieve manier.

Als het je helpt, zet dan de foto van je geliefde voor je (een grote) en voel hem/haar dichtbij, lachend, steeds dichterbij komend met wederzijdse liefde en geluk.

Steek de roze kaars aan en zeg:

"Terwijl deze kaars brandt, komt ware en prachtige liefde mijn leven binnen en het komt iedereen ten goede en schaadt niemand"

of als je wilt:

"Hoe deze kaars alle liefde verbrandt die X voor mij heeft, komt volledig en wonderbaarlijk tot mij en dat het iedereen ten goede komt en niemand schaadt."

Ga een paar minuten (zelfs een half uur) voor de kaars zitten en concentreer je op je gedachten en emoties. Als je klaar bent, bedank je het licht en laat je het allemaal achter.

Als de kaars is gedoofd, waarschijnlijk de volgende dag, neem je de restanten van de roze kaars en leg je deze op een plek in je kamer, waar deze ook is (in een la, in een container, enz.). Je kunt de andere restjes in een veld strooien en het licht bedanken voor hulp.

Vel papier ritueel.

Om dit eenvoudige ritueel uit te voeren, moet je het materiaal terughalen dat ik opsom:

- Een nieuw blanco vel papier.
- Een rode pen
- Een rode of oranje kaars.

Neem een nieuw vel wit papier waarop u uw naam en die van uw naaste voluit schrijft, zodat u naast de naam ook de achternaam moet invullen.

Bij dit soort rituelen, waarbij de kracht van de namen het beveelt, moet u eraan denken om altijd uw naam vóór die van de geliefde te schrijven, anders riskeert u de spreuk uit te voeren met omgekeerde delen en krachten.

Naast uw voor- en achternaam moet u van beide ook direct de geboortedatum zetten.

Teken een hart dat alle namen en datums bevat).

Pak nu de pen en onderstreep de voor- en achternamen drie keer achter elkaar, zo nauwkeurig mogelijk overlopen.

Als u klaar bent, vouwt u het vel zo vaak als u kunt op zichzelf en verkleint u het tot een minimum.

Steek nu de kaars aan en verbrand het vel papier voorzichtig door deze rituele uitdrukking drie keer te herhalen:

"Lang leve de vlam,

het vuur aansteken,

rood is de kleur van verlangen "

Hij herhaalt deze betovering gedurende negen opeenvolgende dagen, steeds op hetzelfde tijdstip.

Je kunt dit ritueel zo vaak uitvoeren als je nodig hebt.

Als je gewend bent om magische werken te maken, kan de as van deze kleine ritus in een geschikte en gesloten container worden bewaard.

Ze bevatten veel energie die nuttig kan zijn bij rituelen om geluk te bevorderen.

Zo niet, dan kunt u het onder stromend water weggooien.

Drankjes voor verleiding

Op 23 juni moet je een plan van elecampane verzamelen met de bedoeling een zeer sterke hulp te willen krijgen om de persoon die je wilt verliefd op je te laten worden.

Je zult het kruid in de stralen van de maan moeten drogen, het dan tot poeder reduceren en het mengen met Arabische lijm.

Zodra dit is gebeurd, stop je het in een zak die negen opeenvolgende dagen op het hart wordt geplaatst en denk je zoveel mogelijk aan de geliefde man. U zult een klein deel van het filter in het eten en drinken moeten doen dat zowel door u als door de gewenste persoon moet worden ingenomen.

Er is ook een andere versie van dit 'recept' dat zou zijn afgeleid van de esoterische traditie van de druïden.

Neem gedroogde elecampane bloemen, verbena bladeren en maretak bessen in een oneven aantal van vijf of zeven.

Maal alles met een stamper tot je een poeder krijgt dat je kunt mengen met eten of drinken om door je geliefde te worden geconsumeerd.

Magische filter van verleiding

Koop deze ingrediënten om dit eenvoudige liefdesdrankje te maken:

- 300ml. alcohol (bij 95 °)
- 30 gram. van essentie van anjer
- 15 gram. van essentie van geranium.

De ingrediënten moeten tijdens de waxfase 's nachts worden blootgesteld aan de energieën van de maan.

Draag een paar druppels van het verkregen filter in de ellebogen op de polsen en op het gebied achter de knieën.

De man van wie je houdt zal volledig in je opgaan en een groot verlangen naar je hebben.

Geur van erotische aantrekkingskracht.

Het is geen geheim dat parfum een krachtig wapen is voor erotische en seksuele aantrekkingskracht.

Dit zelfgemaakte parfumrecept is niet alleen effectief in het verleiden van je partner, maar zal tegelijkertijd je seksuele verlangen stimuleren en je sensualiteit en verleidingskracht vergroten.

Verzamel het volgende materiaal:

- Een houten kom
- 2 Droge bladeren van Iris
- 4 gedroogde oranje bloemen
- 5 gram kamfer
- 4 druppels witte musk-essence
- 10 druppels rozenwater
- 30 druppels geurige etherische olie
- Een glazen pot met een luchtdicht deksel

Hak met een houten stamper de bloemen, bladeren en kamfer die je in je kom hebt gedaan tot je een poeder krijgt en meng ze.

Voegt de essentie van musk, rozenwater en de essentiële olie van je favoriete geur toe.

Meng goed en giet het mengsel in de glazen container, sluit deze.

Laat het minstens een dag macereren en bewaar het op een koele plaats uit de buurt van licht.

Neem na het juiste moment een lekker warm bad en doe je voorbereiding erin voor de afspraak met de persoon die je wilt verleiden.

Je zult onweerstaanbaar zijn..

Liefdesspreuk om te verleiden

Dit is een ritueel van zoete honing en kaneel. Het is een ritueel dat ook een beetje dient om te ontspannen en u te verwennen met de zoete gedachten van uw dierbaren.

Laten we teruggaan naar het hoofdthema van dit boek: tijd.

Dit is het klassieke voorbeeld van een ritueel dat je 'dwingt' om tijd voor jezelf te nemen en na te denken over de persoon die je dierbaar is tot wie je dit ritueel richt.

Haal het volgende materiaal op: :

- Een kopje mineraalwater
- Drie lepels honing
- Drie eetlepels gemalen kaneel
- Drie druppels van een gewoon parfum
- Roze, witte en rode kaarsen
- Sandelhout wierook

Dit ritueel, zoals bijna alles waarbij men doet alsof men iets vraagt om te groeien (in dit geval liefde, verleiding), moet bij een groeiende maan worden uitgevoerd, bij voorkeur tijdens het weekend. Speel wat romantische, ontspannende, verleidelijke muziek; het steekt kaarsen en buitengewone wierook van sandelhout aan voor het welzijn van lichaam en geest en is ideaal om een ontspannen sfeer te creëren.

Meng mineraalwater, honing, kaneel en je parfum in een bakje.

Nu, met grote rust en kalmte (ik herhaal, neem de tijd), neem een lekker warm bad ondergedompeld in de atmosfeer die je hebt gecreëerd, en neem het zojuist bereide 'drankje' mee.

Giet het mengsel tegen het einde van je bad op je schouders, laat het langzaam wegglijden en je hele lichaam bedekken.

Denk aan jezelf en de persoon die je wilt verleiden.

Zeg zijn naam hardop, en benadruk zo zijn gedachte in jou. Je denkt dat je een grote verleidingskracht hebt, en dat hij/zij eindelijk deze onstuitbare aantrekkingskracht voor je voelt.

Blijf een paar minuten in het water en concentreer je op je overtuigingen.

Tot slot afspoelen.

Neem deze ruimte een keer per maand en je zult zien hoe je wensen uitkomen.

<u>Ritueel om de liefde gunstig te stemmen.</u>

Dit ritueel 'moet' worden uitgevoerd op een nacht met volle maan, maar je kunt het veilig de avond ervoor doen of in een periode die de voorgaande zeven dagen niet overschrijdt.

Neem de tabel die in het vorige hoofdstuk is gepubliceerd en kijk in welke tijd van Venus je de tijd kunt nemen om dit magische werk uit te voeren.

Teken de ster van Venus (het pentagram) op de vloer of op een ongebruikt tapijt of papieren reclamebord, zolang het maar groot genoeg is om in het midden te zitten.

Het pentagram is het teken van Venus (de planeet) vanwege zijn baanpatroon. In de tijd die nodig is om de cirkel van zijn baan te sluiten (vier jaar), volgt zijn baan de omtrek van de vijfpuntige ster.

Als alternatief kunt u 5 stenen gebruiken (bij voorkeur rozenkwarts, anders zijn gewone rivierstenen of kristallen van de kleur die u verkiest om uw trillingen te volgen prima) om ideaal op de vijf punten van de ster te plaatsen.

Als je kiest voor het gebruik van kristallen of stenen, moet je ze eerst voorbereiden door ze met koud water te wassen en ze de hele nacht in de open lucht te laten staan.

Dit is om in het verleden geabsorbeerde energie te 'resetten'.

Ga in het midden van de ster zitten en sluit je ogen en visualiseer een beschermend wit licht dat je binnenkomt en je een gevoel van kracht, veiligheid en bescherming geeft.

Stel je voor dat het licht je omhult met zijn kracht, visualiseer het overal om je heen.

Declameer nu hardop en op een overtuigde toon:

'Ik wil de grote Liefde ontmoeten.'

Met je geest vervoer je jezelf naar een omgeving waar het licht van de volle maan om middernacht schijnt; loop over een zacht landweggetje (altijd onder het licht van de volle maan), omringd door planten die 's nachts bloeien en met heerlijke geuren.

Loop door tot je een kruising ziet.

Op het kruispunt vind je een figuur (hoewel niet volledig gedefinieerd): je grote liefde.

Nu kun je het bijna op fysiek niveau zien, voelen en voelen.

Je hebt het gevoel dat het al lang op je wacht en dat het ernaar verlangde dat je eindelijk de weg zou vinden die naar je ontmoeting zou leiden.

Breng tijd door met je grote liefde.

Raak elkaar zacht aan, praat, dans samen.

Laat je grote liefde je iets geven (dat wil zeggen, je een geschenk geven): ontvang dat geschenk met echte waardering, met eerlijke, oprechte en diepe dankbaarheid.

Beëindig nu je meditatie rustig en sereen en zeg dit gebed:

Ik noem de kracht van liefde in mijn leven wat is geweest, alleen morgen doet ertoe Ik geloof in wonderen, ik geloof in liefde voor elk moment dat voorbijgaat, liefde zal in mij groeien, het zal van mij uitstralen, het zal naar mij toe stromen dit is mijn wil, en het zij zo.

Je kunt het hele meditatierItueel voortzetten wanneer je maar wilt, het liefst bij volle maan of in ieder geval bij wassende maan (zo dicht mogelijk bij de volle maan).

ligament.

Binden betekent samenbinden, verenigen, binden en juist dit samenbinden zullen we in dit hoofdstuk bespreken.

Soms hebben we de wens om iemand bij ons te brengen, niet alleen voor een tijdelijke verleidingsdaad, maar omdat we willen dat al zijn aandacht op ons wordt gericht en we vooral verlangen om hem op een onlosmakelijke manier aan ons lot te binden (de redenen kunnen anders zijn, maar hier hebben we het alleen over gevoelens van liefde).

Er zijn veel rituelen van esoterische magie die precies dit doel dienen en die over het algemeen tot de kunst van rode magie behoren.

Het lijkt me juist om hier een paar regels aan te besteden.

Zoals ik al heb kunnen zeggen en schrijven is rode magie geen 'onschuldige' magie zoals ik ergens heb gelezen.

Met name de ligament- en scheidingsrituelen produceren effecten die zelfs tegen de directe wil van het doel van het ritueel zelf ingaan. Deze beperking betekent dat de praktijken van rode magie vaak heel dicht bij die van zwarte magie liggen.

Let dus vooral op de aanroepingen, zoals ik altijd aanbeveel, ze hebben spirituele bescherming nodig en moeten bij voorkeur in een magische cirkel van bescherming worden gedaan.

De 'banden van liefde' zijn krachtige esoterische praktijken die, indien correct uitgevoerd, in staat zijn om energieën naar de geliefde in kwestie te brengen die tot doel hebben ervoor te zorgen dat deze ook merkt dat hij zijn gedachten en gevoelens verandert over wie, in in feite verzoekt of voert het de ligamentische ritus uit.

Dit creëert een eenheid van gevoelens die leidt tot het oplossen van de problemen van het paar, of tot een persoon die ons opmerkt en naar ons verlangt.

Het ligament heeft, samengevat, het doel van:

- Wek liefde op bij de gewenste persoon
- Bestaande banden versterken
- Houd mogelijke verliefde 'concurrenten' op afstand
- Vermijd afstanden en scheidingen.

De ligamentische rituelen, als ze effect hebben, zijn erg complex (en soms impliceert dit ook een zekere onomkeerbaarheid) om te worden 'opgelost', dus voordat je ze probeert, moet je volledig zeker zijn van wat je wilt en wilt.

Ligament van Pomba Gira

Pomba Gira is een van de bekendste entiteiten in Zuid-Amerika.

Ze wordt beschouwd als een vrouwelijke entiteit van Eshu en van Yoruba-oorsprong.

Bekend in de rituelen van Keto, Efan en Nago, wordt ze beschouwd als de boodschapper tussen mannen en Orishas.

In de rituele taal is de Bantoe-term Bombogirá.

Maar met de tijd en verschillende culturen, werd de vervorming van de taal Pomba Gira, die wordt gebruikt om de vrouwelijke (vrouwelijke) kwaliteiten van Eshu aan te duiden.

Eshu (ook wel Esu, Exú, Elegua of Elegba genoemd) is een van de meest gerespecteerde godheden in de Yoruba-religie en in verwante syncretische culten, zoals Santeria en Candomblé, waarin hij soms wordt geïdentificeerd met Sint-Antonius of Sint-Michiel; hij wordt vaak verward met de duivel en beschouwd als een personificatie van het kwaad.

Pomba Gira neemt een zeer belangrijke plaats in in de context van Afrikaanse entiteiten en ook in sommige stromingen van Kardecian denken, waardoor ze wordt beschouwd als een vrouw met een lage moraal, in staat om mannen te domineren, een liefhebber van luxe en allerlei soorten plezier.

Er is dus veel vraag naar haar om aan emotionele problemen te werken.

Pomba Gira staat bekend als de vrouw van 7 echtgenoten, maar dit verwijst niet naar het huwelijk zoals wij het begrijpen, maar verwijst naar de 7 gecontroleerde lijnen Eshu in zijn vrouwelijke deel, daarom heeft de vibrerende energie van Eshu zeven vrouwelijke kwaliteiten, onderscheiden van deze vibraties die het beheersen, en worden op hun beurt aangevuld door het mannelijke, vandaar Eshu zelf. Het Huis is in dit geval de directe emanatie van Eshu's bevoegdheden.

Het volgende is een ritueel dat behoort tot de Hoodoo-traditie.

Deze worden meestal thuis gemaakt in speciale kamers die volgens de ritus zijn gekleurd (in dit geval rood) of anderszins op natuurlijke plaatsen die als puur worden beschouwd, dat wil zeggen zonder menselijke aanwezigheid en intact.

Je kunt het echter ook effectief thuis doen, misschien door ervoor te zorgen dat je, in ieder geval de plaats waar je het ritueel uitvoert, met rood versiert. (Een placemat waar je het dienblad op zet is ook voldoende)

Nodig zijn:

- Twee rode kaarsen

- Twee blauwe kaarsen

- Twee witte of neutraal gekleurde gemaakt van bijenwas.

- Een appel

- Honing: millefiori of een honing binnen handbereik is prima.

- Ronde kaart

- Goede kwaliteit wierook op basis van Sandelhout
- Een stuk honing zeep
- Een zilveren dienblad met 6 voetjes.

Neem de appel en snijd hem doormidden.

Denk aan de appel alsof het de persoon is van wie je wilt houden, en haal het hart eruit (uiteraard het deel waar de zaden zich bevinden) en vul het met honing.

Verbind vervolgens de twee helften en blokkeer ze met spelden, of stokjes (beter als spelden) zodat ze niet splitsen en er absoluut geen honing uitkomt.

Schrijf de naam van de persoon die je wilt charmeren op het ronde papier en plaats deze op het zilveren dienblad. Zet kaarsen op de letters van de voor- en achternaam.

Zet ze aan en zeg het gebed tot Pomba Gira:

"Wellustige koningin van de nacht, zwarte panter van de duisternis, vrouw van zeven echtgenoten. Ik roep uw krachtige voorspraak op in de realisatie van waar ik naar verlang, vanuit de diepte van mijn verlangen, zodat (naam), overwonnen en verpletterd door passie, als een slaaf aan mijn voeten komt om mijn verlangens en verlangens te bevredigen. De geest van (naam) zal niet meer gedachten hebben dan voor mij; mijn elke gril voor (naam) zal een bestelling zijn. Ik (zijn naam) zal zijn lucht zijn, de bron om zijn dorst te lessen, het voedsel om te eten, het licht waardoor hij vanaf nu de wereld zal zien. Domineer en vang (naam) Pomba Gira en ik zal je Saravá Quimbanda eeuwig dankbaar zijn!"

Als de kaarsen zijn opgebrand, begraaf je alle overblijfselen (behalve het zilveren dienblad), in de tuin, of in een bos, of beter nog, onder een gezonde plant.

Zodra dit is gebeurd, steekt u de wierook aan en plaatst u deze voor het huis of, voor degenen die deze mogelijkheid niet hebben, op het terras of op een raam. Was jezelf symbolisch met honingzeep door erover te wrijven.

Dit gebaar is gekoppeld aan de vulling van de appel die honing is.

Ik raad je aan om jezelf de volgende dagen met dezelfde zeep te wassen in plaats van douchegel of andere producten die gewoonlijk voor persoonlijke hygiëne worden gebruikt.

Wacht 15 dagen tot Pomba Gira onze wensen vervult.

Als je klaar bent met het ritueel, kunnen de overblijfselen in een gebied met stromend water (rivieren, beken, zee) worden gegooid, natuurlijk gewikkeld in een rode doek.

Jasmijn ritueel

Dit ritueel wordt gebruikt om een persoon aan je te binden. Het is een zeer effectief persoonlijk ritueel van rode magie, terwijl het heel eenvoudig is om te doen.

Dit soort riten zou tijdens de nieuwe maan moeten worden gedaan.

De nieuwe maan is de beste tijd om projecten en gedachten van realisatie te starten en ook om spreuken en ligamentische rituelen uit te voeren.

Jasmijn is voor de Arabische cultuur het symbool van goddelijke liefde en in de oudheid was het de bloem van onsterfelijkheid.

Voor de mediterrane traditie vertegenwoordigt het sensualiteit, verlangen.

Nodig zijn:

- Jasmijn
- Heet water
- Een container
- Een spiegel.

Doe de jasmijn in een vrij grote kom, voeg het hete water toe en meng.

Jasmijn opgelost in water geeft een aangename geur af.

Adem dit parfum zo veel mogelijk in en staar naar je spiegelbeeld terwijl je 6 keer de naam zegt van degene die je aan je wilt binden, gevolgd door de woorden.

"Blijf bij mij, blijf bij degenen die van je houden".

Dit ritueel zal een band creëren tussen jou en degenen van wie je houdt - die je wenst, en bevordert een alchemie van medeplichtigheid en wederzijdse aantrekkingskracht.

Aanroeping tot de heilige Sara Kali

Een van de meest bekende 'Ligamenten van liefde' is de bezwering (of bezwering) van Santa

Sara Kali en maakt deel uit van de zigeunertraditie.

Ze wordt ook wel 'Sara la Nera' genoemd en wordt diep vereerd door de Roma-gemeenschap, ook al is ze niet een van de 'officiële' heiligen van een katholieke bekentenis.

Ik zal niet uitweiden over de geschiedenis van deze mythische en mysterieuze figuur, maar ik stel het ritueel voor dat eigenlijk heel effectief lijkt te zijn.

Je hoeft maar een henneptouw van ongeveer een meter lang te halen om dit magische werk uit te voeren.

Het ligament moet bij voorkeur op vrijdag worden uitgevoerd in aanwezigheid van wassende maan.

Pak het touw en zeg de volgende bezwering:

"Voor de unieke kracht, die je voor mij en door mij toepast,

Ik roep Saint Sara bij je aan, om je kracht aan dit touw te geven.

Moge uw kantoor in het belang van alle dingen blijven.

Met één begin ik de spreuk, (leg een knoop in het touw)

met twee wordt het echt, (leg een knoop in het touw)

met drie zo zal het zijn,

(knoop een knoop in het touw)

met vier behoudt de kracht,

(knoop een knoop in het touw)

met vijf leeft de betovering,

(knoop een knoop in het touw)

met jou zijn vast,

(knoop een knoop in het touw)

met zeven zal ik slagen

(knoop een knoop in het touw),

met acht zal het lot zijn,

(knoop een knoop in het touw)

met negen mijn is het besef.

(knoop een knoop in het touw)

Bind deze knopen door (zeg de namen van de mensen die 'vastgebonden' moeten worden).

Zo zal het zijn.

Opcha, Opcha, Opcha "

De ritus moet hardop en met overtuiging worden gereciteerd.

Als je een altaar hebt, kun je er een foto van je geliefde op plaatsen om het ritueel te versterken (niet nodig).

De resultaten zouden binnen de drie manen moeten worden gezien, dat wil zeggen na ongeveer 84 dagen na voltooiing van het ritueel.

Het touw kun je na het ritueel thuis verstoppen door het om de foto van je geliefde (of een effect daarvan) te draaien, waarop je met groene inkt de naam, achternaam en geboortedatum van hebt geschreven. de persoon voor wie u de band (of die van u) heeft uitgevoerd.

Als de jouwe een liefde is die vooral gebaseerd is op seksuele aantrekkingskracht, dan moet je de gegevens in rood schrijven, de kleur van passie.

Koppeling met linten

Dit ritueel is heel eenvoudig, maar als het met de juiste timing wordt uitgevoerd en de 'visualisatie' correct wordt gebruikt, is het zeer effectief.

De materialen die nodig zijn voor dit magische werk zijn gemakkelijk te vinden en zijn als volgt:

- Drie linten van de favoriete kleuren van je geliefde van elk een meter;
- Een roze kaars
- Een speld.

Ga door de kaars in het midden met de pin en steek deze aan.

Neem een lint en houd het in je handen gericht op wat je wilt bereiken, dat is de band met de gewenste persoon.

Neem nu de tweede tape en denk na over wat je het meest aantrekt in hem (of haar).

Neem nu het derde lint dat symbool staat voor liefde, passie en eenheid.

Bind de drie linten vanaf het einde, verstrengel ze met elkaar en creëer zo een vlecht.

Maak twee knopen aan de uiteinden zodat de vlecht die je hebt gekregen niet los kan komen.

Draag je artefact nu bij je in bijvoorbeeld een zak of tas.

In de dagen erna zul je een hechtere en sterkere 'band' naar jou merken door de persoon van wie je houdt/wenst.

Dan moet je de drie linten vanaf het uiteinde vastbinden en een vlecht maken, die in je tas wordt gedaan.

Na een week zou je een hechtere en sterkere band met je geliefde moeten opmerken.

Oshun's ligament

Oshun (ook getranscribeerd als Oxum, Ochun in andere varianten) is een belangrijke orisha (god, halfgod, heilige) uit de Yoruba-mythologie met vrouwelijke connotaties, die regeert over liefde, rivieren, gezondheid, diplomatie, vruchtbaarheid.

Ze wordt ook aanbeden in Afro-Amerikaanse sekten.

Dit ritueel kost tijd en rust om uit te voeren.

Het is op zich heel eenvoudig maar het vereist meerdere stappen en daarom heb je ook een plek nodig waar je een paar uur ongestoord kunt blijven.

Deze rituelen worden ook wel 'manipulatie' genoemd, omdat het benodigde materiaal moet worden 'bewerkt' om het gewenste resultaat te bereiken.

Koop dus het volgende materiaal:

- Een zoete aardappel
- Twee eetlepels suiker
- Vijf lepels honing
- Een blanco vel papier en een potlood.
- Een hart van was (te vinden in religieuze winkels)
- Een 3×4 foto van jou en de persoon die je wilt veroveren
- Twee magneten
- Een gouden bord

Kook de zoete aardappel 20 minuten.

Pureer het vervolgens goed

met een vork en voeg twee eetlepels suiker en vijf honing toe, goed opnemend.

Neem dan een stuk papier en schrijf de naam van de persoon die je aan je wilt binden zeven keer, schrijf dan de jouwe, altijd zeven keer.

Zodra dit is gebeurd, neem je het washart en vul je het voor de helft met de puree.

Lijm de foto's en plaats ze tegenover elkaar tussen de twee magneten zodat ze vergrendeld zijn. In het midden van de twee afbeeldingen moet je de vellen met de namen rangschikken.

Plaats de foto's stevig tegen elkaar in het hart en bedek met de rest van de puree.

Schik het hart op de gouden plaat en laat het in een omgeving weg van iedereen, bied het aan Oshun aan en vraag hem om een onlosmakelijke liefdesband met overtuiging te hebben.

Sluit uw verzoek af door dit korte gebed met ijver en dankbaarheid te reciteren:

Heil Ochun! Alafia Ochun! Olofi is bij jou, koningin van schoonheid en liefde, die zo overvloedig in onze behoeften voorziet! Ochun, de meest geliefde en tedere! Ochun, de meest meelevende moeder! Ochun, maferefun (dank u!) Voor alle zegeningen die u op ons regent.

<u>Ligament met de dagida.</u>

De dagida is de klassieke fetisj waarvan de vormen doen denken aan de menselijke figuur (de zogenaamde pop).

Je moet een aantal 'getuigen' ophalen van de persoon die je wilt binden (alleen een kledingstuk, wat haar ... alles wat bij je doelwit hoort.)

Een afnemende maan in een dag en tijd van Venus (aan het einde van het boek vindt u de tabel waarmee u de tijd gedurende de dag kunt bepalen), van een foto van de persoon (uitstekend een pasfoto, anders kunt u deze knippen van elke foto die de ontvanger van uw ritus afbeeldt) die u wilt vastbinden, knip het gezicht uit en druk het op het hoofd van een bijenwasbeeldje (de dagida) dat is gemaakt in een periode van nieuwe maan, op een vrijdag en altijd in een Venusiaans uur.

Betreed de getuigen en denk daarbij geconcentreerd na over wat je wilt bereiken (het doel van deze rituelen moet je altijd heel duidelijk zijn).

Altijd in een Venus-uur plaatst hij het beeldje in een glazen container zodat het de dagida volledig en comfortabel bevat.

Giet er wat zeer vloeibare honing in om de kop van de beeltenis te bedekken.

Sluit de container hermetisch (het beeldje moet blijven staan) en zet hem op een voor de ogen van vreemden ontoegankelijke en donkere plaats: bijvoorbeeld in een kast.

De trouw en toewijding van de persoon afgebeeld door de dagida, (die nu met jou verbonden is) zal duren totdat je de honing en het wasbeeldje in het vuur gooit.

Zaken van koppels.

Dit hoofdstuk is gewijd aan het leven als koppel en hoe de beoefening van esoterische magie kan helpen om evenwicht, trouw en passie te bewaren.

Afgezien van de esoterische praktijk, zijn de regels voor een langdurige relatie altijd de volgende:

- Respecteer zowel in de relatie als in de ruimtes

- Lieve wederzijdse aandacht

- Praat vaak met elkaar

- Neem even de tijd

In dit hoofdstuk stel ik enkele rituelen voor die in paren moeten worden uitgevoerd.

Deze 'samenwerking' en moment van medeplichtigheid helpt veel verder dan de ritus.

Laten we teruggaan naar de toespraak die ik tot u hield bij de introductie van dit boek, dat wil zeggen, het belang om tijd te besteden aan dingen van liefde.

Esoterische beoefening, indien medeplichtig, is ook een prachtige gelegenheid om samen tijd door te brengen om na te denken over iemands relatie.

Het is in alle opzichten een uitstekende relatietherapie.

Het eerste ritueel van deze sectie is gunstig voor de duurzame relatie en is gebaseerd op de zoete routine van wederzijdse liefde.

Het is ook een ritueel dat in paren kan worden gedaan

Negen kaars ritueel.

Het is een heel eenvoudig ritueel en je kunt het ook als koppel doen, misschien als spel door het aan elkaar op te dragen.

Haal het volgende materiaal op.

- Negen witte kaarsen
- Lieve schat
- Twee vellen wit papier
- Houten lucifers
- Aluminiumfolie

- Kandelaar

Schrijf op een van de twee stukjes papier de naam, achternaam, geboortedatum, sterrenbeeld van de persoon die je toverwerk ontvangt.

Schrijf drie keer op hetzelfde blad:

'Alle zoetheid en liefde die ons verenigen en vergezellen, verlaat ons niet en duurt voor altijd'.

Doe echter hetzelfde met uw gegevens op het andere blad en schrijf dezelfde zin. Neem de twee vellen, met de beschreven kant eronder en voeg ze samen met honing.

Verbind de twee geschreven delen en maak ze dubbel, waardoor alle mogelijke vouwen worden gemaakt.

Wikkel de twee gevouwen vellen in aluminiumfolie om te voorkomen dat de honing druipt en plaats deze op een bord of een kandelaar.

Plaats de kaarsen op het bord en steek ze aan met houten lucifers, bedenk wat je wilt bereiken en laat ze opbranden.

Als je dit ritueel als koppel doet, gebruik dan dezelfde kaarsen en hetzelfde gerecht

Dit ritueel moet negen opeenvolgende dagen worden herhaald.

Het moet worden gedaan vanaf de groeiende maanfase.

Gebruik altijd dezelfde lakens en herhaal het ritueel door de kaarsen aan te steken.

Als de negen dagen voorbij zijn, is het noodzakelijk om de aluminiumfolie te verwijderen en de twee vellen (of vier) samen te begraven, misschien met behulp van een kleine aluminium container (een grote koffiekan).

Witte kaars ritueel.

Dit is een eenvoudig ritueel van witte magie en dient in wezen om een persoon te 'zegenen', dat wil zeggen om bescherming en gunsten te vragen.

Deze kunst van magie kan een lieve gedachte zijn voor de persoon van wie je houdt, die hem de oplossing van zijn verlangens zal brengen.

Het is duidelijk dat u uw geliefde en zijn verlangens en ambities heel goed moet kennen.

Vind de juiste plaats om dit ritueel uit te voeren.

In feite moet het plaatsvinden over zeven opeenvolgende dagen (misschien beginnen op zondag) en je bent vrij om het op elk moment en op elk gewenst moment te doen.

Neem een eenvoudige witte kaars.

Graveer met een speld (of gebruik een onuitwisbaar penseel met fijne punt) de naam van de persoon die je wilt zegenen.

Vet de kaars in (van onder naar boven) met

chrism (de geurolie) of anders met goede kwaliteit extra vergine olijfolie

Om een groter effect van dit ritueel te krijgen, kunt u een foto of een persoonlijk element gebruiken van de persoon voor wie u de zegen vraagt (een persoonlijk kledingstuk, hoeden ...) door deze onder of naast de kaars te plaatsen samen met een lijst van dingen (je kunt ze op een stuk papier schrijven) positief dat je wilt gebeuren voor de ontvanger van je ritus.

De kaars moet elke dag worden aangestoken met houten lucifers.

Wanneer de kaars brandt, reciteer deze bezwering:

Naam van de persoon, moge je gezegend zijn. Moge alle goede dingen naar je toe komen. Niets kan je schaden. Je hart is licht, je reizen zijn veilig, je gezondheid is goed, je geest is alert, je vriendschappen. zijn ondersteunend ... .

Voeg aan de lijst alle goede dingen toe die je zou willen (bijvoorbeeld een baan vinden, liefde, enz.) voor de persoon aan wie je je welwillendheid hebt getoond.

Brand elke dag een deel van de kaars zodat deze op de zevende dag volledig kan worden geconsumeerd, waarin hij autonoom moet uitgaan.

Op andere dagen doof je het door met twee vochtige vingers in de pit te knijpen.

Kruidenthee van liefde

Deze kruidenthee wordt gebruikt om wederzijdse interesse te bevorderen (zelfs erotisch). Het is uitstekend en ook erg afrodisiacum.

Ideaal om samen te drinken in een moment van medeplichtigheid, als voorproefje of gewoon voor een moment van ontspanning.

Gebruik geen staal om deze infusies te bereiden (om je de waarheid te zeggen, staal zou zelfs niet goed zijn voor kamille of thee)

Pak een steelpan van koper, aardewerk of keramiek.

Een kleine tip voor koperen potten.

Gebruik ze voorzichtig en kook vooral geen zure voedingsmiddelen (zoals tomatensaus) of zuivelproducten.

Dit om te voorkomen dat je koper via het voedsel zelf binnenkrijgt, wat niet goed is voor de gezondheid.

Gebruik voor het reinigen voornamelijk lauwwarm water met de hand en afwasmiddel. Gebruik houten lepels.

Na dit haakje zijn hier de ingrediënten om je kruidenthee te maken.

- Vier bladeren van papaverbloem.

- Twee theelepels chocoladepoeder

- Een snufje rode peper of gember (als je beide ook bij de hand hebt)

- twee teentjes

- Een klein stukje kaneel

- Twee eetlepels suiker

Kook alles in je pan minstens een paar uur, af en toe roeren zodat alles goed mengt.

Laat het afkoelen.

De aldus verkregen kruidenthee is uitstekend warm of op kamertemperatuur.

Schenk na 21.00 uur (dus 's avonds) de inhoud in twee kopjes. Bied hem of haar er een aan door te zeggen:

"Moge je blij zijn om naast me te blijven"

Het ding wordt prachtig als het wederkerig is, dat wil zeggen, als hij / zij ook dezelfde zin herhaalt. Nip aan de kruidenthee en doe dan wat voor jou het meest natuurlijk is.

Bedwelmende likeur.

Deze likeur wordt verkregen met behulp van het zogenaamde 'gras van de liefde' dat Damiana is.

Het is inheems in tropisch Amerika en groeit voornamelijk in Mexico, Texas, Midden- en Zuid-Amerika.

Het is echter heel gemakkelijk te vinden in de kruidengeneeskunde.

Damiana heeft een groot afrodisiacumpotentieel (het wordt gebruikt bij de behandeling van ziekten die erectiestoornissen en het vrouwelijke hormonale systeem veroorzaken) en is ook een uitstekend natuurlijk antidepressivum.

Haal deze ingrediënten op.

- 60 gram gedroogde Damiana bladeren
- Een liter wodka van goede kwaliteit.
- Lieve schat

Doe de damianabladeren in de wodka en laat ze samen tien dagen rusten.

Filter na verloop van tijd alles goed met een vergiet om de in alcohol gedrenkte bladeren goed op te vangen en bewaar de wodka in een glazen pot.

Neem de bladeren en week ze een hele nacht in een halve liter koud water.

Filter het water met de bladeren door de bladeren zelf weg te gooien en het water te bewaren.

Verwarm het gefilterde water op middelhoog vuur en voeg 1-2 kopjes honing toe, laat het langzaam smelten.

Meng de gefilterde wodka met de opgeloste honing en laat 2-3 maanden rusten, zodat de likeur kan bezinken.

Ik kan je verzekeren dat dit drankje uitstekend is (ik heb altijd een fles voor persoonlijk gebruik) en het is fantastisch om 'de zintuigen' in intimiteit te laten smelten.

Doneer fantastische energieën.

Overschrijd het natuurlijk niet in zijn verbruik.

Badkamer voor een perfecte avond

Nu zal ik je leren hoe je een infuus maakt om te gebruiken om een ontspannend bad te nemen voor een avond met je liefde.

Deze badinfusie is puur voor vrouwelijk gebruik.

Het is een preparaat dat wordt gebruikt om de zintuigen te prikkelen en je parfum zal een onweerstaanbare erotische charme uitstralen.

Degenen van wie je houdt, zullen je niet kunnen weerstaan.

Herstel de volgende ingrediënten:

- Een kleine hoeveelheid salie (neem ter referentie de hoeveelheid die in uw vuist past).

- Een kleine hoeveelheid rozemarijn.

- Een kleine hoeveelheid oregano.

- Een kleine hoeveelheid munt.

- Een kleine hoeveelheid verbena.
- Een kleine hoeveelheid maagdenpalm.
- 25 gram nootmuskaat.
- 50 gram jeneverbestinctuur.
- 30 gram Eugenia tinctuur.
- 20 gram Ginseng tinctuur.

De voorbereiding van deze 'infusie' moet enige tijd (een of twee dagen) vóór uw romantische avond worden gedaan om redenen die verband houden met de voorbereiding ervan.

Kook twee liter water.

Als het water kookt, zet je het vuur uit en voeg je de nootmuskaat, salie, rozemarijn, oregano, munt, verbena en maagdenpalm toe.

Laat de kruiden minimaal 15 uur trekken.

Voeg na verloop van tijd de jeneverbestinctuur, de eugenia-tinctuur en de ginseng-tinctuur toe.

Roer alles goed door elkaar en filter vervolgens alles, waarbij je alle kruiden goed verwijdert.

Gebruik de voorbereiding voor je bad door jezelf minimaal 15 minuten onder te dompelen.

Gebruik geen andere producten (zeep, geparfumeerde zouten, douchegel ...) samen met het preparaat.

Neem deze tijd om te ontspannen en denk goed na over hoe geweldig je liefdesontmoeting zal zijn.

De roos van Aphrodite.

Dit ritueel wordt gebruikt om de relatie van het paar te versterken.

Hoewel het eenvoudig te maken is, is het zeer effectief en uitstekend geschikt om kleine normale crises in tweepersoonsrelaties te overwinnen (vooral na een lange tijd).

Verzamel het volgende materiaal:

- Een rode roos, (mogelijk wild).
- Een roze kaars.
- Verbena (kruid van Aphrodite).
- Lavendel.
- Sinaasappelschillen.
- Een rood of roze lint
- een wierookvat
- Sandelhout of Patchouli wierook
- Houtskool

Dit ritueel moet worden uitgevoerd op vrijdag, de dag die aan Venus is gewijd, er zijn geen indicaties voor de tijd, zelfs als het voor een kwestie van rust en energie altijd de voorkeur heeft om de avond- / nachturen te gebruiken.

Neem een bak, bij voorkeur koper en doe je kruiden (verbena, lavendel en sinaasappelschillen) met water dat je drie tot vier centimeter onder de rand houdt.

Steek de kaars aan en geef deze over de container met de kruiden en denk intens na over jullie relatie, de redenen voor de crisis en wrijving tussen jullie als koppel en declameer deze formule:

Allerhoogste Aphrodite, die de troon van schoonheid nam, die het kind van liefde ontving; bescherm en laad deze kruiden op met je adem van liefde, zodat ze in gebruik bijzonder zijn en al je grote kracht weerspiegelen.

Steek nu een vuur aan onder je bakje en wacht tot het water kookt.

Steek de houtskool aan met het vuur van de kaars die je in het wierookvat hebt geplaatst en voeg de wierook toe.

Neem daarna de roos en knoop het rode lint waarop je eerder je naam en die van haar/hem hebt geschreven vast en dompel deze samen met de kruiden onder in het water met de volgende formule:

Afrodite:

Van jou is de roos,

jouw kracht,

schoonheid en liefde

het is jouw wil.

Sluit het ritueel af door de roos te pakken, deze zoveel mogelijk uit het water te halen en op de sintels in het wierookvat te leggen zodat deze langzaam brandt.

Laat dan de restanten van je toverwerk los in de natuur of in stromend water.

Het afrodisiacum van Circe.

Met dit simpele 'recept' maak je al sinds de oudheid een krachtig afrodisiacum.

Er wordt gezegd dat de tovenares Circe het zelf gebruikte om haar passies te bevredigen nadat ze mannen naar haar eiland had getrokken.

Om op voorraad te houden voor elke gelegenheid die een beetje verkwikking nodig heeft om magische nachten tegemoet te treden.

Neem daarom een liter stille witte wijn van uitstekende kwaliteit.

Ik kan je een Chardonnay of een Trebbiano d'Abruzzo aanraden.

Voeg aan de wijn twee vanillecapsules toe, vijftien gram kaneel (in stukjes raad ik aan en niet in poeder), vijftien gram rabarber en vijftien gram gentiaanwortel.

Laat het minimaal twee weken rusten en filter dan door alle kruiden te verwijderen.

De resulterende 'wijn' dient gekoeld geserveerd te worden in een mooi paar rode glazen.

Betovering tegen verraad.

Dit magische werk wordt gebruikt om ervoor te zorgen dat de persoon van wie je houdt en die bij je is, je niet verraadt.

De ontwikkeling is heel eenvoudig, maar vooral als er een wederzijdse overeenkomst is om dit ritueel uit te voeren, is het zeer effectief.

Pak de volgende ingrediënten:

- Twee stokjes Rowan

- rode draad

- Een 'draad' van stro

- Een papiertje.

- Witte kaarsen

Nu, afhankelijk van uw toestand als koppel, kunt u op deze manier handelen.

Eerste geval:
je woont samen met één persoon (of zelfs niet) en wilt het ritueel delen door het samen uit te voeren.

Neem in dit geval de twee lijsterbesstokjes en maak een klein kruis door ze met de rode draad aan elkaar te verbinden. Neem de strodraad en knoop de uiteinden vast. Pak de kaart en schrijf de volgende zin erop

"Met dit kruis verbied ik alle vijandige mensen om bezit te nemen van het lichaam en de geest van (naam van de persoon wiens absolute trouw je verlangt).

Met deze knoop bind ik haar aan mij vast zolang zij/hij dat wenst."

Vouw nu het vel papier in vieren en leg het op tafel en plaats het lijsterbeskruis en het geknoopte rietje erop.

Steek tegelijkertijd een witte kaars aan en plaats deze bij het papier.

Kijk elkaar nu een tijdje intens aan.

Voordat de kaars opbrandt, pak je het stuk papier en verbrand je het op de kaarsvlam.

Wacht tot de kaars vanzelf uitgaat en bied dan het kruis en het rietje aan je partner aan, die ze jaloers zal moeten houden.

<u>Tweede geval:</u>
u woont niet samen en uw naaste hoeft van niets

te weten.

De ritus volgt en is hetzelfde in het eerste deel als beschreven in het eerste geval.

U moet een foto van uw wederhelft, een donkergekleurde doos (bij voorkeur zwart) en duurzame kaarsen (altijd wit) ophalen.

Het ritueel moet worden gedaan op een groeiende maan en moet de hele periode van de 'lunatie' duren.

Voer het ritueel uit op een plek waar je je toverwerk veilig kunt achterlaten zonder dat het wordt opgemerkt.

In feite mag je de kaars niet uit laten gaan zonder de volgende te hebben aangestoken voor de duur van het ritueel.

Leg de foto van je geliefde in de zwarte doos en plaats het kruis en rietje erop.

Herhaal de vorige formule met een stevige stem en sluit de doos.

Als de rituele periode voorbij is, mag je de doos angstvallig houden.

derde geval:
u bent een stel dat samenwoont, maar uw partner mag niets weten over uw magische werken.

Herhaal het ritueel precies zoals beschreven in het vorige geval, maar nu moet je doos worden verborgen voor 'nieuwsgierige ogen'.

Neem wat bosbessen- en monnikskapbladeren als versterking van het ritueel en voeg wat gele rozenblaadjes toe om in een wierookvat te branden.

Neem de as en strooi ze onder het bed van de persoon van wie je houdt.

Haal ten slotte wat van het gras genaamd 'Goudenroede' terug om ook te verbranden.

Zijn as wordt onder je bed uitgestrooid.

Spell voor paareenheid.

Lucht van crisis? Gebrek aan communicatie tussen jullie?

Probeer dit ritueel samen te doen, zodat je energie in dezelfde richting wordt gericht, dat wil zeggen, om de problemen en misverstanden op te lossen die muren tussen jullie bouwen.

Verzamel het volgende materiaal:

- Een foto van jou

- Een foto van de persoon van wie je houdt

- Een koperdraad

- Een vierkant van rode stof van minimaal 12 cm x 12 cm.

- Een stuk zwart touw
- Een bescheiden hoeveelheid rue
- Een bescheiden hoeveelheid marjolein

Maak uw foto en die van de persoon die het leven met u deelt. Plaats ze in het midden op een oppervlak (een tafeltje, een krukje....) Strooi er een snuifje wijnruit en een snuifje marjolein over het vierkant van stof (gebruikt als 'placemat').

Alvorens verder te gaan, is het noodzakelijk om uit te leggen waarom het gebruik van wijnruit en marjolein voor dit soort rituelen.

Wijnruit is een plant die veel wordt gebruikt in esoterische magische praktijken omdat het verband houdt met geluk en voorspoed.

Het heeft de kracht om negativiteiten te absorberen die de rust van het huis en het gezin kunnen wegnemen en jaloezie en wrok kunnen elimineren.

Onze voorouders hebben het bij de ingang van het huis geplant, zich bewust van de heilzame eigenschappen van dit kruid.

Marjolein is een ander belangrijk heilzaam kruid.

Het wordt gebruikt in rituelen van witte magie die dienen om bescherming, liefde, geluk en geld te bevorderen.

In dit geval zijn we geïnteresseerd in wat de 'kracht' van marjolein doet in liefdesrituelen.

Het dient niet om nieuwe liefdes te baren, maar het kan de bestaande relatie versterken.

Na deze noodzakelijke uitleg gaan we verder met het beschrijven van het ritueel.

Leg nu de foto's dicht bij elkaar en bind ze vast met het koperdraad. Verzamel het vierkant van stof door de hoeken met de foto's en kruiden binnenin samen te voegen en de uiteinden vast te binden met zwart touw.

Op deze manier krijg je een tas die op een plek moet worden geplaatst waar jij en je geliefde het kunnen zien en herkennen als een symbool van je liefde.

Intrigerende middag

Eindelijk een middag die je helemaal kunt wijden aan medeplichtigheid en samen miauwen onder de lakens.

Om deze momenten beter te vergemakkelijken, raad ik je aan een uitstekende thee of chocolade te bereiden waaraan je een snufje gemalen kaneel, drie gemalen kruidnagels, een snufje vanille, een zeer kleine hoeveelheid nootmuskaat en drie druppels ginseng toevoegt..

Nip samen aan je drankje en ontspan.

Ik garandeer je dat jullie middag samen heel goed zal verlopen.

Harmonisatie van energieën.

Dit eenvoudige ritueel wordt gebruikt om de energieën van het paar weer in evenwicht te brengen en om hechtheid en medeplichtigheid aan te moedigen.

Pak een wierookhouder of een koperen pot om een klein vuurtje aan te steken met wat houtskool, houten lucifers en de volgende kruiden:

- Twee takjes rozemarijn
- Twee takjes mirte
- Twee takjes verbena
- Zes baarsbladeren
- Een kleine hoeveelheid gember

Steek het vuur aan met houten lucifers (bij deze rituelen worden geen aanstekers gebruikt, maar de beste en oude lucifer) en wacht tot de sintels branden.

Leg nu de kruiden op de sintels en pak elkaar bij de hand terwijl je intens in de ogen kijkt en in koor zegt:

Ik hou van je (naam partner)

Op deze manier bezegel je je liefde met een magische rite die haar eeuwigheid zal begunstigen.

De magische rune.

Ik stel een wit magisch ritueel voor dat iets complexer is dan degene die we tot nu toe hebben gezien.

Zelfs de lijst van het materiaal dat je moet herstellen als je dit ritueel wilt doen, is behoorlijk omvangrijk.

Je hebt ook een plank nodig (wat gemakkelijk een salontafel kan zijn) met voldoende ruimte.

Dit ritueel wordt gebruikt om het paar te bevrijden van obstakels, negativiteit en vijandschap.

Deze ritus omvat het gebruik van de 'Gebo'-rune geschreven op perkamentpapier (je kunt de grafische weergave aan het einde van het boek vinden).

Het runenalfabet, "fuþark" genoemd (waar het teken þ overeenkomt met de klank van het Engelse denken), uit de reeks van de eerste 6 tekens waaruit het bestaat (* Fehu, * Uruz, * Þurisaz, * Ansuz, * Raido , * Kaunan), was het tekenalfabet dat werd gebruikt door de oude Germaanse volkeren (zoals Vikingen, Angelen, Juti en Goten).

Dit alfabet werd niet alleen gebruikt om te schrijven, maar ook voor esoterisch, religieus gebruik, of om geheime berichten te verzenden tijdens veldslagen; het werd aanvankelijk gevormd door 24 tekens genaamd runen.

De spelling van de afzonderlijke runen, bestaande uit rechte lijnen, hangt af van het feit dat de gravures vaak werden gemaakt op steen, hout of andere harde oppervlakken, afhankelijk van hun gebruik.

Het ontbreken van horizontale streken wordt ingegeven door het feit dat in de vroege schrijftijd de runentekens op hout werden gegraveerd: door de uitvoering van horizontale streken uit te sluiten, werd voorkomen dat de streken samenvielen met de nerven van de romp, kennelijk horizontaal gerangschikt ; op deze manier werden mogelijke misverstanden en leesfouten vermeden.

Gebo is de zevende rune, het is de
rune
die de gave aangeeft, die kan worden opgevat als een individueel talent of een heilige relatie die zorgt voor een wederzijdse uitwisseling van energie.

Dit is de reden waarom de afbeeldingen twee lijnen vertegenwoordigen die elkaar kruisen, wat zorgt voor balans en stabiliteit.

Het bevordert en versterkt liefde, vriendschap en vakbonden.

Het helpt om open en beschikbaar te zijn.

Verder hebben we de tekening van het vierkant van Venus nodig (ik vermeld het ook aan het einde van het boek) die de liefdesrelatie bevordert en zelfs bij het gokken geluk brengt.

Hier is de lijst met al het benodigde materiaal:

- Water en zout om alles te zuiveren
- Drie rode kaarsen
- Een roze kaars
- Een hemelse kaars
- Twee overblijfselen van roze stof in een vierkante vorm gesneden

- Twee overblijfselen van lichtblauwe stof in een vierkante vorm gesneden
- Roze, lichtblauwe en groene linten
- Perkament
- Een kleine rozenkwarts
- Rozenwierook
- Kamille bloemen
- Verbena
- Lavendel
- Kaneel
- rozemarijn
- Rozenblaadjes (roze en rood)
- wateraardbei

Knip eerst 6 gelijke vierkanten perkamentpapier (een afmeting van 12cm x 12cm is genoeg) en teken 3 vierkanten van Venus en 3 'Runa Gebo', uiteraard een 'tekening' voor elk stuk perkament.

Hieronder pak je de drie rode kaarsen.

Schrijf op een van deze kaarsen het woord 'liefde', op de tweede het woord 'unie' en op de derde het woord vrede.

Om op de kaars te 'schrijven' kun je een klein graveermesje of een spijkertje of een zwarte permanent marker gebruiken.

Schik de drie kaarsen om idealiter een driehoek te vormen.

Vorm nog een driehoek in de driehoek die je eerder met de rode kaarsen hebt gevormd.

Plaats bovenaan de Venuskaars waarop je het planetaire symbool van Venus hebt gegraveerd / getekend (de cirkel met het kruis eronder), linksonder de roze kaars waarop haar naam en geboortedatum zal worden gegraveerd / geschreven, in plaats daarvan dient u rechtsonder de hemelkaars te plaatsen waarin zijn naam en geboortedatum zal worden gegraveerd/geschreven.

Plaats in het midden van de driehoek, net gevormd, de rozenwierook (uiteraard op een wierookhouder of op een wierookvat).

Als uw paar niet recht is, kunnen de kaarsen in de onderste hoekpunten dezelfde kleur hebben, afhankelijk van het geslacht (roze -> vrouwelijk, hemels -> mannelijk).

Neem nu nog een stuk perkamentpapier en schrijf je naam en die van je geliefde en leg dat tussen de kaarsen, naast de wierook.

Steek nu de kaarsen en wierook aan en zeg het volgende gebed:

De naam van Venus die ik noem

Ik vraag je om deze ritus voor te zitten

lieve Godin die uit de zee werd geboren

geef deze/of vrouw/man de kans om lief te hebben.

In jouw handen vertrouw ik mezelf toe

zodat ik mezelf kan bevrijden van obstakels

jij die de liefde kent die ik draag

en begrijp mijn pijn

omdat je van jezelf hebt gehouden

Ik noem je bij al je namen die ik ken:

Venus, Aphrodite, Hathor

mijn weg vrijmaken.

In de naam van de toewijding breng ik je

kom naar beneden uit het huis van je vader, kom naar mij,

hoor mijn gebed

schenk mij de genade van uw zegen.

Met de restjes stof gaan we drie kleine zakjes maken; verdeel dan de restanten door een roze restant op een blauwe op je plank te leggen en de andere twee apart.

Verbrand nu het vel perkamentpapier waarop je je namen hebt geschreven en één waarop je de Gebo-rune hebt 'getekend'.

Leg de resulterende as op het roze overblijfsel boven de blauwe en voeg de roze kwartssteen toe.

Verbrand de andere twee perkamenten met het ontwerp van het Gebo-pictogram en doe de resulterende as een beetje in de zak die aan haar zal worden gegeven (roze), en een beetje in de zak die aan hem zal worden gegeven (lichtblauw).

Ook hier geldt dezelfde toespraak met kaarsen.

Als het paar niet hetero is, moeten de restanten altijd vier in totaal zijn, maar uiteraard van dezelfde kleur.

Op dit punt kun je de volgende aanroep reciteren:

Ware liefde gaat boven alles,

ware liefde is uniek en onafscheidelijk,

ware liefde bestaat al sinds het begin der tijden.

Ik vraag de Shining Goddess

wie presideert mijn gebed?

om mijn weg te bevrijden van alle obstakels

groot of klein.

Ik wil de liefde sereen kunnen leven

die altijd in mijn hart heeft gewoond

Ik vraag dat niemand zich ooit met deze vakbond mag bemoeien

die zich vrij kan uiten

zoals de natuur het wil.

Vanaf nu heeft het geen vijanden meer

zichtbaar of onzichtbaar, het zal altijd groeien

zoet als de essentie die het bevat,

sterk als het pantser dat het beschermt.

Verdeel nu de verschillende kruiden in gelijke delen en leg ze op de restanten, (begin altijd met de dubbele), verbrand de ranken van Venus en doe de as altijd op de restanten samen met wat wierookas.

Verzamel nu de restanten één voor één, vorm zakken en sluit ze met linten.

De eerste (degene gevormd met de twee overblijfselen) sluit het met het groene lint.

De andere twee respectievelijk met het roze en lichtblauwe lint. (Ik herinner me altijd de toespraak die werd gehouden als je paar niet hetero is).

Je moet de eerste zak in de natuur verspreiden door hem in zee of in een beek te gooien.

De ene moet je voor jezelf houden en de andere moet je geven aan de persoon die het leven met je deelt.

De obstakels.

In het leven van een stel is niet alles voor het beste.

Misverstanden, familieproblemen (kinderen, familieleden), sommige ex die plotseling weer opduiken... er zijn veel obstakels die tussen twee mensen staan die van elkaar houden.

Door deze en andere situaties in het leven kan het gebeuren dat het 'paar uitbreekt' zoals een bekend gezegde luidt, en dit is ontwrichtend voor het leven van degenen die bij deze kwesties betrokken zijn.

Esoterie kan een belangrijke hulp zijn voor diegenen die zich in ernstige moeilijkheden met hun partner bevinden en in dit hoofdstuk zullen we enkele rituelen illustreren die geschikt zijn om diepe perioden van crisis te overwinnen.

Het eerste ritueel dat ik u in dit hoofdstuk voorstel, is een zeer positief ritueel van witte magie dat is ontworpen om iemands gevoelens te verhelderen.

Het wordt gebruikt om te mediteren over wat niet langer nodig is in ons leven.

Op een gegeven moment kan het ook onze partner zijn die voor ons niet meer nodig is, misschien omdat onze liefde voor hem door verschillende situaties is opgehouden, of andersom kunnen we besluiten om de relatie een 'kans' te geven door het herstart en probeert slaapgevoelens weer op te rakelen.

Dit ritueel is ook nuttig om u te helpen belangrijke beslissingen in uw leven te nemen, niet alleen zaken van het hart.

Ritueel van loslaten

Dit meditatieritueel doe je in een periode van volle maan, wanneer je in een moment van rust met jezelf bent.

Wend je tot je leidende geest, als je die hebt of niet, tot je beschermengel (alleen degene die je bad als kind) of tot de godheid(en) aan wie je toegewijd bent en geef je onzekerheden, angsten en wensen voor de toekomst op.

Je moet vastbesloten zijn om alleen datgene te behouden wat je helpt en je geluk en voldoening in je leven geeft.

Neem wat olijfolie en wijd de kaars in door het ideaal te geven aan de spirituele kracht waartoe je bent gekeerd door de kaars in te vetten, in dit geval vanuit het noorden (de pit) en naar het zuiden (de basis).

Plaats het nu voor je en communiceer aan de spirituele krachten die je leven leiden, de beslissing om achter te laten wat je niet langer nodig hebt en alleen te houden wat belangrijk en heilzaam voor je is.

Kijk intens naar de kaars en visualiseer het licht dat je omringt en dat je pad en je perspectieven duidelijk verlicht.

Blijf in meditatie (neem, ik herhaal als een mantra, alle tijd die je nodig hebt ... het helpt je veel in moeilijkheden, geloof me !!) totdat je je beschermd voelt en zeker weet dat je de beslissingen neemt die belangrijk voor je zijn.

Dank je goddelijke krachten voor de hulp (als je een christen bent, kun je ook afsluiten met een gebed dat je kent) die ze je hebben verleend en laat de kaars vanzelf uitgaan.

Twee eenvoudige riten.

In deze sectie stel ik twee eenvoudige rituelen voor om een periode van crisis in uw paar te verlichten.

Ze lijken qua structuur erg op elkaar en hebben gemeen dat ze een blad gebruiken om de obstakels op te schrijven die de relatie van het paar verhinderen om in sereniteit te stromen.

Dit soort rituelen moet bij afnemende maan worden gedaan.

In deze maanfase kun je al die spreuken doen die gericht zijn op het afweren van een vijand of het elimineren van een probleem dat ongemak veroorzaakt in de paarrelatie (ontrouw, ruzies, te nieuwsgierige vrienden, enz. .. enz ..).

De periode van de afnemende maan is een gunstige fase voor het uitvoeren van riten van vervreemding die tot doel hebben echtscheidingen en scheidingen te veroorzaken.

Zoek voor het eerste ritueel dit materiaal:

- Een zwarte kaars
- Houten lucifers
- Een folder

Neem nu de kaars en steek hem aan door hem voor je te plaatsen.

Mediteer even en schrijf in het papiertje alles wat je niet leuk vindt aan je relatie (gedrag, situaties, etc.) en waardoor er allerlei wrijvingen ontstaan tussen jou en je partner.

Na deze handeling vouw je je laken in vier delen en verbrand je het op de kaarsvlam.

Zoek voor het tweede ritueel het volgende materiaal:

- Een blanco vel
- Een bak vol water
- Grof zout
- Wat salieblaadjes

Dit ritueel beslaat de gehele periode van de afnemende maan en moet daarom op de eerste dag van deze maanfase worden gestart.

Naast de zuiverende kracht van zout en water gebruiken we salie.

Salie maakt deel uit van de planten die verwijzen naar de energieën van Uranus, die planten die helpen de crisis van verandering te overwinnen, in staat zijn om onze energie te versterken en te ondersteunen, vooral op het nerveuze niveau en die ons kunnen begeleiden bij het verlaten van het oude voor het nieuwe.

Neem de kom met het water en giet er wat grof zout in (ongeacht de hoeveelheid, zolang het niet te veel is) en wat salieblaadjes.

Concentreer je nu voor de juiste hoeveelheid tijd en schrijf op het papier het probleem dat je wilt oplossen dat je relatie belemmert en dompel het onder in het water.

Nu elke nacht (doe het van 24 tot 3 uur 's ochtends, eventueel altijd rond dezelfde tijd) neem wat water uit je bak en giet dit in de aarde (het is prima in een plantenpot of in de tuin of zelfs in een bloem bed dichtbij huis.) totdat u de laatste dag van de afnemende maan bereikt (waarvoor 15 dagen verstrijken) waar u uw container volledig moet legen.

HotFoot

In het verhaal van een koppel komen vaak vreemden tussen die hun harmonie en rustig leven kunnen ondermijnen.

In deze sectie leer ik je hoe je het beroemde HotFoot-poeder kunt bereiden dat je gebruikt om jezelf, je huis of dierbaren te bevrijden van ongewenste mensen.

De te verwijderen persoon kan ook een geliefde zijn (zelfs de jouwe) of iemand die 'te dicht' en gevaarlijk voor je partner komt.

Het wordt ook gebruikt om negatieve energieën van anderen af te weren (het kan ook een uitstekende remedie zijn tegen boze ogen en vloeken, maar dat is een ander verhaal).

Dit recept heeft veel variaties, ik stel er een voor die het meest 'canoniek' en meest gebruikt is.

Herstel deze materialen:

- Cayenne peper

- Zwarte mosterdzaadjes

- Een stukje jlappawortel (ook wel turbitto genoemd)

- Maïszetmeel (of ook talkarm)

- Eventueel buskruit dat je ook van heel gewoon vuurwerk kan nemen... een heel kleine hoeveelheid is voldoende en dient om het effect van ons 'HotFoot' poeder 'onmiddellijk' te maken

Neem alle ingrediënten (min het buskruit) en doe ze in een stevige bak of op een daarvoor geschikte ondergrond.

Neem een stamper en maal alles tot een zeer fijn poeder.

Voeg eventueel buskruit toe en roer alles goed door elkaar.

Zo heb je je 'HotFoot'-poeder klaargemaakt.

In het originele Hoodoo-recept vind je de java genaamd 'Jhon the Conqueror root'.

Als curiositeit moet je weten dat Gialappa een krachtig laxeermiddel is.

Je kunt dit poeder op verschillende manieren gebruiken:

- Verspreid het op de stoep om degenen die je niet wilt 'op afstand' te houden.

- Leg het in de auto of op de kleding van de persoon die je als ongewenst beschouwt.

- Om rituelen zoals die te doen, zal ik hieronder meteen illustreren.

Ik heb je aan het begin van dit gedeelte verteld dat het 'HotFoot'-poeder uitstekend geschikt is voor gebruik bij rituelen waarbij een persoon wordt weggestuurd die de relatie belemmert en in gevaar brengt.

Het is het doel van deze rite die ik u nu beschrijf, die bij voorkeur moet worden uitgevoerd in een periode van afnemende maan.

Pak eerst het volgende materiaal:

- Hotfoot poeder

- Een foto van de persoon die je wilt afwijzen

- Een lege fles, mogelijk van glas.

- Een kurk die hem kan sluiten

- Azijn

- Houten lucifers

- Een zwarte kaars

Steek de zwarte kaars aan en steek deze aan met lucifers.

Plaats het voor je door het op een oppervlak te plaatsen (bijvoorbeeld een kleine tafel).

Ontspan en denk goed na over het doel van het ritueel.

Als je er klaar voor bent, neem dan de foto van de persoon die je wilt verwijderen (van jou of de persoon van wie je houdt) in je handen en visualiseer de reden (of redenen) die de verwijdering zouden kunnen bevorderen (verliefd worden op een andere persoon, wordt overgedragen voor werk elders enz ....). Neem dan de fles en vul deze met azijn en voeg wat arme 'HotFoot' toe.

Zeg nu de volgende woorden en voer de beschreven handelingen uit:

(Zeg luid de naam van de persoon die je wilt afwijzen)

Je bent met mij over de schreef gegaan

Hotfoot hoodoo zegt dat je bij me weg moet.

Nu moet ik je verbannen.

Doe de foto in de fles en zeg:

Als je naast me loopt,

Het zal niet lang meer duren,

Je wordt gedwongen om weg te lopen.

Het is tijd om verder te gaan.

Sluit de fles met de kurk en sluit hem af met een beetje kaarsvet en zeg verder:

Je hebt me genoeg pijn gedaan,

Uw rekening is binnen,

HotFoot Hoodoo zal je wegjagen.

Neem de fles in je hand, schud hem alsof je hem wilt mengen, 3 keer tegen de klok in en zeg ondertussen:

HotFoot Hoodoo zegt let op deze dag,

HotFoot Hoodoo zegt: ga weg,

HotFoot Hoodoo zegt dat het tijd is voor jou om de afstand te gaan.

Verstop de fles nu op een veilige plaats, dit komt omdat je bij elke afnemende maan de magische formule moet herhalen door de fles drie keer tegen de klok in te mengen, doorgaan met het ritueel totdat de persoon definitief van jou of je partner is weggegaan.

Als je dit hebt bereikt, kun je de fles weggooien door hem te begraven of in de prullenbak te gooien.

Ritueel om de minnaar te verwijderen.

De titel verklaart volledig het doel van deze ritus.

Als je vermoedt (of zeker weet) dat de persoon die bij je is een "extra" relatie heeft die ervoor kan zorgen dat de bestaande relatie op een abrupte en vaak dramatische manier wordt afgebroken, vooral als er kinderen in het midden zijn.

Om dit magische werk uit te voeren, moet je 4 kaarsen vinden, waarvan er één blauw is.

De andere drie moeten worden gekozen volgens de kleur van je sterrenbeeld, je partner en geliefde (als je het sterrenbeeld van het "derde wiel" niet kent, gebruik dan altijd een blauwe kaars).

De kleuren van de kaarsen die bij de sterrenbeelden horen zijn als volgt:

Ram: gouden
Stier: groen
Tweelingen: geel
Kanker: wit
Leeuw: Oranje
Maagd: bruin
Weegschaal: roze
Schorpioen: rood
Boogschutter: fuchsia
Steenbok: zwart
Waterman: grijs
Vissen: blauw

Een kaars vertegenwoordigt jou, een je liefde, de derde de ongemakkelijke minnaar en de vierde (de blauwe) "de andere".

"De ander" is een hypothetisch personage (ook gedefinieerd als de naamloze) naar wie de kaars van de minnaar zal worden bewogen.

Dit ritueel zou een cyclus van volle maan moeten duren, dus drie dagen.

Voer dit magische werk uit op een plaats waar je het ritueel zo lang als nodig kunt "laten lopen", zodat niemand tussenbeide kan komen.

Graveer nu met een naald (of schrijf) op elke kaars de naam van de persoon die door de laatste wordt vertegenwoordigd.

Uiteraard moet je de vierde weglaten.

Schik de drie kaarsen die jou, je geliefde en het derde "ongemak" vertegenwoordigen in de buurt.

Plaats op een bepaalde afstand de kaars die "de ander" vertegenwoordigt.

Steek de kaarsen aan met houten lucifers en denk intens na over de minnaar die zich van haar/hem afkeert.

Blaas de kaarsjes uit en de volgende dag gaan ze weer branden.

Deze keer zal de kaars van de minnaar echter verder weg worden geplaatst van degenen die jou en je geliefde vertegenwoordigen en dichter bij die van de naamloze.

Laat de kaarsen de resterende dagen zo 'lopen'.

Plaats op de derde dag een open schaar tussen de kaars die de geliefde vertegenwoordigt en degenen die uw paar vertegenwoordigen, wat een beslissende snede in het verhaal betekent en de sterke wens om de terugkeer ervan te voorkomen.

Blijf in meditatie en concentreer je opnieuw op je wil.

Blaas de kaarsjes uit en wacht vol vertrouwen het resultaat af van het door jou uitgevoerde ritueel dat zich spoedig zal openbaren.

Bericht aan verre liefde.

Dit is een heel lief en mooi ritueel van witte magie, een delicate en romantische aandacht voor de persoon van wie je houdt.

Als je geliefde ver weg is (misschien voor werk of voor levensgebeurtenissen) en je hem een bericht wilt sturen (zelfs een goede nacht), zodat hij zich dichtbij en aanwezig voelt, kun je dit kleine magische werk proberen.

Verzamel dit eenvoudige materiaal:

- Een witte kwarts

- Een foto van de persoon van wie je houdt

Maak de foto en leg de witte kwarts erop.

Leg je handen op de kwarts en de foto en focus op je liefde en de boodschap die je wilt overbrengen.

Je zult je dichtbij voelen en je zult de energieën voelen van degenen van wie je houdt en die van jou in zoete symbiose.

Als je dichterbij komt, zul je zien dat je gedachten op hun bestemming zijn aangekomen.

In de keuken.

Als laatste hoofdstuk van dit boek presenteer ik een set recepten om te maken voor romantische en intrigerende lunches en diners, maar ook om op originele wijze bij een aperitief of borrel te begeleiden.

Passie en koken gaan vaak hand in hand en zelfs het bereiden van een maaltijd of een klein toetje voor de persoon van wie je houdt, kan een aangenaam en lonend ritueel zijn.

Alle recepten die je hieronder vindt, hebben een aangenaam lustopwekkend effect.

Degenen die ik voorstel komen grotendeels uit de traditie van de Wicca-regio waarin het bereiden van voedsel voor de belangrijkste feestdagen van fundamenteel belang is en een belangrijke symbolische en heilzame waarde hebben.

Het eerste recept dat ik voorstel is heel bijzonder en staat bekend als 'Keltisch brood'.

Dit gerecht heeft een opmerkelijke afrodisiacumkracht, geeft veel seksuele energie en is buitengewoon aangenaam.

De rum, die er een essentieel onderdeel van is, helpt de zintuigen te smelten.

- \ -

Mede (Keltisch Brood)

Dit gerecht is erg oud.

De Kelten gebruikten het als een offer aan de goden bij heilige rituelen, vooral in Beltane.

Ingrediënten:

- Een halve liter water

- Anderhalve kopjes rauwe honing
- Een kwart kopje citroensap
- Een snufje nootmuskaat
- Een snufje rode peper
- Een halve kop Rum

Verwarm langzaam alle ingrediënten behalve rum in een grote pan.

Als de honing smelt, vormt zich een olieachtig korstje op de Meade.

Sommigen menen dat dit body geeft aan Meade, dus laten ze het daar, volgens anderen moet de korst echter worden afgeroomd.

Laat de Meade in ieder geval nooit aan de kook komen, let ook op dat deze niet troebel wordt.

Als het mengsel goed gemengd is, haal je het van het vuur en roer je af en toe totdat het stolt.

Als het is afgekoeld, voeg je de rum toe en dien je op.

Laten we beginnen met twee tips voor een geweldig aperitief.

- \ -

Molsla

Paardebloemen zijn wilde bloemen met een steel en eetbare bladeren die, naast een uitstekende smaak, verrassende geneeskrachtige eigenschappen hebben en volgens de 'heksentraditie' ook gunstig zijn voor de mogelijkheid om geld te hebben.

Deze salade is een geweldig aperitief, maar kan ook als onderdeel van een aperitief worden gebruikt.

Haal deze ingrediënten op.

- 230gr. van gesneden paardebloembladeren en stengels
- 1/2 rode ui, gesnipperd
- 2 tomaten, in stukjes
- 1/2 theelepel gedroogde basilicum
- Zout en peper naar smaak

Neem een kom die groot genoeg is, ik raad je aan een terracotta bak te gebruiken en in ieder geval geen plastic bak.

Combineer de stelen en bladeren van de paardebloem, de rode ui en de tomaten. Kruid alles met basilicum, peper en zout.

- \ -

Radicchio broodjes

Dit voorgerecht is een klassieker uit de Italiaanse keuken, maar kan voor een snel diner ook worden voorgesteld als een voortreffelijk afrodisiacum-tweede gerecht.

De combinatie salami-fontina is altijd al overtuigend geweest en de bittere nasmaak van de radicchio zorgt voor een aangenaam smaakcontrast.

Het resultaat zijn radicchiobroodjes met salami en fontina die erg uitnodigend en gemakkelijk te koken zijn, die zich uitstekend lenen om warm of lauw te worden geserveerd, waardoor de smakelijke vulling vrijkomt.

We kunnen spelen met de vorm (rol, bundel, roosje) en met het soort salami erin; op het net zijn er talloze variaties op dit recept.

Het advies is om een salami te kiezen met het juiste vetpercentage, zoals het type 'Milano' of 'Napoli', die tijdens het koken smelt en de radicchio zacht houdt.

De ingrediënten voor twee personen zijn als volgt:

- Ja, witlofbladeren zoals 'Chioggia'.
- Zes plakjes salami.
- Zes stukjes fontina.
- Een klontje boter.
- Zout en peper naar smaak

Was de radicchio en snij de bladeren af, verwijder de harde en witte delen.

Leg de salami en het stukje fontina op het open blad.

Sluit met tandenstokers en plaats de 6 rolletjes in een pan met een klontje boter.

Kruid met peper en zout en bak de radicchio enkele minuten.

- \ -

Nu stel ik een voorgerecht voor op basis van pasta, licht genoeg, smakelijk, mediterraan, gemakkelijk te maken, zelfs voor degenen die niet gewend zijn om te koken.

De kruidige en aanhoudende smaak en de vaatverwijdende effecten van chili zullen de zintuigen prikkelen en plezier geven aan het gehemelte en aan het gezelschap.

- \ -

Pittige Tortiglioni

Ingrediënten voor twee personen:

- 150 g tortiglioni;

- 10 Gedroogde tomaten;

- 10 zwarte olijven;

- 1 handvol kappertjes;

- Basilicum blaadjes;

- Extra vergine olijfolie;

- gemalen chili;

- Geraspte pecorino (optioneel)

Snijd de gedroogde tomaten en olijven in hele kleine stukjes en giet alles in de pan met de olie, kappertjes en chilipeper, zonder zout aan de saus toe te voegen.

Kook de tortiglioni in licht gezouten water, giet ze al dente af en sauteer ze in een pan samen met de saus met een paar eetlepels van het pastakookwater.

Garneer met basilicumblaadjes en breng eventueel op smaak met wat pecorinokaas.

- \ -

Het volgende recept is een risotto, genaamd risotto 'of lovers'.

Het is het perfecte voorgerecht voor een diner of lunch exclusief voor twee.

De goedheid van de risotto voor geliefden ligt in de eenvoud van de ingrediënten die, vakkundig met elkaar gecombineerd, leven geven aan een heel bijzonder, heerlijk en ongetwijfeld smakelijk gerecht.

Verder is het besprenkelen van pittige rode peper de finishing touch die je in naam van passie en liefde een gezellige after dinner (of after lunch) zal garanderen!

- \ -

Risotto van geliefden.

Het recept is makkelijk te maken maar heeft wel wat tijd nodig om te maken en ook met verschillende ingrediënten.

Eigenlijk zijn het twee recepten die vervolgens met elkaar (liefhebbers eigenlijk) de risotto en de garnalensaus worden gecombineerd.

Deze twee recepten die samensmelten vormen een geheel met een perfecte smaak (die de voltooiing van liefde symboliseert).

Risotto-ingrediënten:

- 160 gr Canaroli rijst

- Halve liter visbouillon

- Halve ui

- Chilipoeder naar smaak

- Twee eetlepels extra vierge olijfolie

- Een glas witte wijn
- Zout naar smaak
- 10 gr boter

Ingrediënten voor de garnalensaus:

- Een klontje boter
- 100 ml verse vloeibare room
- Halve ui
- Twee takjes tijm
- 300 gr schoongemaakte garnalen
- 40 ml Cognac
- 2 eetlepels extra vierge olijfolie
- 4 eetlepels tomatensaus

Eerst maken we de garnalensaus.

Zet een pan op het vuur met twee eetlepels olie en een beetje boter en fruit een halve ui samen met enkele blaadjes verse tijm.

Voeg vervolgens de gepelde garnalen toe en laat ze al roerend een paar minuten bruin worden.

Halverwege de kooktijd de cognac toevoegen, laten verdampen en al roerend op smaak brengen met zout; voeg nu de tomaat en room toe.

Roer tot je een roze saus krijgt en zet dan het vuur uit.

Zet nu de garnalensaus opzij en zorg voor de bereiding van de risotto.

Doe in een redelijk grote pan twee eetlepels extra vergine olijfolie, de boter en een halve gesnipperde ui. Als de ui 'goudkleurig' is, voeg je de rijst toe en rooster je deze.

Maak de rijst nat met de witte wijn en laat op hoog vuur verdampen; voeg dan beetje bij beetje de visbouillon toe, tot het gaar is.

Voeg kort voor het einde van het koken de chili toe, voeg je saus toe aan de garnalen en maak het koken af.

Haal alles van het vuur, voeg een paar blaadjes verse tijm toe, pas de zoute risotto aan, roer opnieuw en serveer.

Je kunt het op smaak brengen naar de smaak van je geliefde, misschien door de tijm te vervangen door bieslook.

Je kunt het helemaal afmaken door de risotto een hartvorm te geven of te decoreren met een hart van bakpapier, bestrooid met een beetje chili.

- \ -

Het volgende recept is een heerlijke tweede waarin een van de hoofdingrediënten rucola is, wat ook een natuurlijke seksuele opwinding is en het basisingrediënt van veel liefdesdrankjes uit de oudheid.

Dit eenvoudige gastronomische recept is vol van smaak en betekenis; levert een gerecht op dat mooi is om naar te kijken en intrigerend om te horen, met alle zintuigen....

- \ -

Provola schnitzels gepaneerd met kruiden.

Gepaneerde provolakoteletten met kruiden zijn, zoals alle gepaneerde en gebakken kaas, heerlijk omdat ze knapperig van bulten en zacht van binnen zijn.

De ingrediënten zijn voor twee personen:

- Vier sneetjes provolone, niet te dun
- 200gr. van raket
- Broodkruim naar smaak

- Extra vierge olijfolie naar smaak
- Zout en peper naar smaak

Hak de rucola zeer fijn en voeg het paneermeel, zout, peper en een eetlepel olie toe.

Haal de sneetjes provola eerst door de olie en daarna door het aldus verkregen paneermeel en bak ze in een pan op laag vuur met een beetje olie en draai ze slechts één keer om.

- \ -

Nu stel ik een lichte en snelle tweede gang voor, ideaal voor een licht romantisch diner waarbij het doel niet alleen is om het plezier van het gehemelte te bevredigen.

De frisse vulling op basis van de cherrytomaatjes en de provoletta maakt dit gerecht fijn smeuïg en de oregano die het geheel afmaakt stimuleert de partner om zijn 'bijzondere' aandacht op jou te richten.

De 'esoterische' toets van het geheel wordt mede bepaald door de hoeveelheden van de hoofdingrediënten.

Kalkoen ham cannoli

De ingrediënten zijn voor twee personen.

- Drie plakjes kalkoenham
- Drie dunne plakjes provolone
- Twaalf kerstomaatjes
- Zes zwarte olijven
- Zout en peper naar smaak;
- Een snufje oregano

Snijd de cherrytomaatjes en olijven in kleine stukjes, breng op smaak met olie, zout en een snufje oregano.

Schik de provola kaas en het mengsel van cherrytomaatjes en olijven, verdeeld in drie delen, op de plakjes ham.

Rol de plakjes tot een cannoli en kook ze enkele ogenblikken in een hete pan met antiaanbaklaag, draai ze aan beide kanten.

Serveer de cannoli warm.

- \ -

U kunt ook zoetigheden bereiden om bijvoorbeeld bij de thee te serveren of als mooie begeleider van een 'melt ice'-drankje voor op het dienblad.

Uiteraard zijn deze recepten ook een beetje speciaal...

- \ -

Gekonfijte viooltjes

Deze desserts zijn uitstekend bij elke gelegenheid en hebben de eigenschap dat ze lang kunnen worden bewaard, maar ook echt heerlijk zijn in de mond

Krijg deze ingrediënten:

- Een eiwit
- Basterdsuiker
- viooltjes

Klop het eiwit stijf.

Vang de viooltjes op, was ze snel in koud water en laat ze uitlekken.

Leg ze vervolgens in het opgeklopte eiwit.

Neem wat kleine keukenpizza's en verzamel de viooltjes van het eiwit en rol ze dan door de suiker tot ze gelijkmatig bedekt zijn.

Pas op dat de suikerlaag niet te dik is.

Laat de bloembladen ten slotte 1 dag op vetvrij papier drogen.

Ze kunnen enkele maanden worden bewaard in een luchtdichte verpakking zonder verlies van aroma of smaak.

- \ -

Aardbeienkoekjes

De ingrediënten zijn voor ongeveer twaalf koekjes.

In de Wicca-traditie worden deze koekjes vaak gebruikt als offer aan de God en Godin en zijn ze geweldig om aan te bieden aan uw 'special guest' samen met iets aangenaams (en matig) alcoholisch.

Krijg deze ingrediënten:

- Een kopje suiker
- Een theelepel amandelextract
- Twee kopjes meel
- Een kopje aardbeien
- Halve theelepel bakpoeder
- Half kopje walnoten
- Driekwart kopje banketbakkerssuiker
- Een half kopje boter
- Een ei
- Een theelepel zout

De beker moet de klassieke melkbeker zijn.

Was en snijd de aardbeien en verwarm de oven voor op 190 graden.

Meng intussen de boter, suiker en amandelextract en voeg het ei, de bloem en het bakpoeder en het zout toe.

Als het mengsel glad is, voeg je de gehakte aardbeien en walnoten toe. Meng goed in een elektrische blender.

Leg met een lepel het deeg in de vorm van balletjes op een bakplaat.

Bak ongeveer 13 minuten.

- \ -

Hieronder een 'recept' voor een ander drankje dan gebruikelijk, vers, goed en gezond. Uitstekend geschikt voor zomeravonden, op basis van meloen, een vrucht met dorstlessende eigenschappen, rijk aan vitamine A, C, calcium, fosfor en ijzer.

Cremolata met meloen

Het is snel en gemakkelijk te bereiden en je hebt geen ijsmachine nodig.

U kunt dezelfde procedure gebruiken door de aardbeien in plaats van de meloen te plaatsen.

Ingrediënten:

- Een kg meloen netto afval

- 400 g suiker

- Een glas water (ongeveer 200 g)

Open de meloen, verwijder de pitjes en schil, hak hem grof en doe hem samen met de suiker en het water in de blender.

Mix alles, giet in een kom, sluit deze met het deksel of een film en plaats in de vriezer.

Verwijder af en toe de container en roer de cremolata om de ijskristallen te breken.

Herhaal deze handeling twee of drie keer (het zal gedeeltelijk simuleren wat de ijsmachine doet).

Het duurt ongeveer acht uur voordat het de juiste consistentie heeft bereikt, dus als je gasten hebt, speel dan op veilig en bereid de cremolata op tijd, zelfs de dag ervoor.

Als het klaar is om te serveren, haal het dan een beetje van tevoren uit de vriezer om het zacht te maken, bekras het dan met een vork zoals het ijs van de grattachecca (granita), meng en serveer.

Conclusie

Ik vind dit echt een mooie grimoire en ik was erg blij om het te schrijven en beschikbaar te stellen aan degenen die de tijd willen nemen om het te lezen.

Zaken van liefde zijn het archetype van het menselijk bestaan.

Degenen die weten hoe ze het hoofd moeten bieden en ze kunnen oplossen, zijn in staat om elke gebeurtenis in het leven onder ogen te zien en op te lossen.

Magie heeft ook het doel (sommigen zeggen utopie) om ons meer architecten van ons lot te maken, het lijden van het leven te verlichten en de problemen aan te pakken waarmee we te maken hebben door ons de kans te geven energieën en verlangens te kanaliseren naar de doelen die we onszelf hebben gesteld.

Degenen die esoterie beoefenen, geven zichzelf nooit over aan depressie, ze geven zich niet over aan het lot, ze weten dat dingen echt kunnen worden veranderd volgens hun wil en vaak is onze wil niet wat het ons eerst lijkt.

Het zal je zijn opgevallen dat er in dit boek in de meeste riten die ik je heb gepresenteerd veel wordt gesproken over tijd die aan meditatie wordt besteed en om iemands doelen en verlangens te verduidelijken.

Esoterische praktijk is ook een kans die we aangrijpen om bij onszelf en bij onze psychologische en menselijke hulpbronnen te zijn (en daarom sta ik erop dat rituelen niet via tussenpersonen mogen verlopen, maar ons als protagonisten moeten zien) bij het zoeken naar concrete oplossingen en het ontwikkelen van strategieën om de problemen van het bestaan aan te pakken.

Als ik erin geslaagd ben een deel van deze boodschap over te brengen op het hoofddoel van dit boek, kan ik zeggen dat ik dat heb bereikt.

Ik wens iedereen een goed leven.

Amelia T.

CPSIA information can be obtained
at www.ICGtesting.com
Printed in the USA
BVHW051955190622
640149BV00001B/70